Muḥyīddīn Ibn ʿArabī

Die sieben Tage des Herzens

Awrād al-usbūʿ

Muḥyīddīn Ibn ʿArabī

Die sieben Tage des Herzens

Des größten Sufi-Meisters
Morgen- und Abendgebete für jeden Tag der Woche

Awrād al-usbūʿ

Herausgegeben und kommentiert von
Pablo Beneito und Stephen Hirtenstein

Aus dem Englischen
von Helga Jacobsen und
Robert Cathomas

Chalice Verlag

Die Originalausgabe erschien
2000 bei Anqa Publishing, Oxford,
unter dem Titel *The Seven Days of the Heart*

Eine überarbeitete Neuausgabe erschien 2020.

Deutsche Erstausgabe

Buchgestaltung: Robert Cathomas
Herstellung: BoD – Books on Demand GmbH
Printed in Germany

ISBN 978-3-942914-38-3

Inhalt

Anhang

Und Gott sprach: »Es werde Licht!« Und es ward Licht. Und Gott sah, dass das Licht gut war. Da schied Gott das Licht von der Finsternis und nannte das Licht »Tag« und die Finsternis »Nacht«. Da ward aus Abend und Morgen der erste Tag.

Genesis 1.3–5

Wahrlich, euer Herr ist Gott, Der die Himmel und die Erde erschuf und Sich dann auf dem Thron zurechtsetzte. Er lässt die Nacht den Tag überdecken, wobei sie ihn eilig einzuholen sucht, [und Er erschuf] die Sonne, den Mond und die Sterne, welche durch Seinen Befehl dienstbar gemacht wurden. Siehe, Ihm allein stehen das Erschaffen und der Befehl zu. Gesegnet sei Gott, der Herr aller Wesen!

Koran 7:54

»Der Sohn Adams tut Mir Unrecht, wenn er die Zeit verflucht, denn Ich bin Zeit. In Meiner Hand ist der Befehl und Ich lasse die Nacht und den Tag sich abwechseln, wieder und wieder.«

Hadith *qudsi*

Empor stieg zwischen Adhriʿāt und Buṣrā
ein vierzehnjährig Mädchen, für mich als voller Mond.
Stets dünkt sie sich machtvoll hoch erhaben,
die Zeit zu überragen in Adel und in Stolz.

Tardschumān al-aschwāq XL:1–2

Dank

Wir beiden Herausgeber möchten an dieser Stelle den vielen Menschen, die beim Zustandekommen dieser Übersetzung geholfen haben, unseren großen Dank aussprechen. Folgende verdienen besondere Erwähnung:

Sara, die das Lektorat mit höchstem Einfühlungsvermögen und Präzision besorgt hat und deren scharfes Auge viele Fehler und Inkonsistenzen beseitigen half; Michael, der lange an der Klarheit des Textes zugunsten eines ungestörten Leseerlebnisses feilte; Maurice Gloton, der uns freundlicherweise eine noch unveröffentlichte französische Übersetzung der *Awrād* durch Michel Vâlsan zur Verfügung stellte und dessen zahlreichen Anregungen unserer eigenen Übersetzung unschätzbaren Dienst erwiesen; Michel Chodkiewicz, der unsere Arbeit großzügigerweise durchsah und uns zur Klärung wichtiger Stellen viele Hinweise auf weitere Werke Ibn ʿArabīs gab; Daud Sutton, der die Illustrationen des siebenzackigen Sterns beisteuerte; Judy Kearns, deren exzellenter Korrekturlesung wir ebenfalls viele Anregungen verdanken; und David Apthorp, der die Gestaltung des Buchumschlags der englischen Ausgabe übernahm.

PABLO BENEITO & STEPHEN HIRTENSTEIN

Ich möchte noch meinen persönlichen Dank an Barbara Hirtenstein hinzufügen, deren unermüdliche Ermunterung das Buchprojekt durch dick und dünn und zu einem glücklichen Abschluss trug; und vor allem Bülent Rauf, der mich als Erster mit diesen wunderbaren Gebeten vertraut machte, mir die feine Kunst, sie zu übersetzen, zeigte und mich ermutigte zu versuchen, was mir oft als eine unmögliche Aufgabe erschien.

STEPHEN HIRTENSTEIN

Einleitung

Die Gebete von Ibn 'Arabī

Muḥyīddīn Ibn 'Arabī (1165–1240) ist seit Langem als großer spiritueller Meister bekannt. Er verfasste mehr als dreihundertfünfzig Bücher und übte einen beispiellosen Einfluss aus, nicht nur auf den unmittelbaren Kreis seiner Freunde und Schüler zu seinen Lebzeiten, sondern auch auf nachfolgende Generationen, die seine Lehre als eine überragende Auslegung des Konzepts der Einheit (*tawḥīd*) verstanden haben. Er betrachtet die Welt im Licht einer grundsätzlichen Harmonie, in der alle Dinge vielseitig miteinander verbunden sind und dem Menschen eine Stellung unermesslicher Würde zukommt. Seine in einem wahren Strom der Inspiration niedergeschriebenen Werke sind lebendige Schriften, aus denen Seite für Seite Kaskaden von Bedeutungen entspringen und die bei jeder Lektüre neue Aspekte enthüllen. Sie berühren den Kern der grundlegenden menschlichen Fragen und erhellen unser Bild der Menschheit und der Welt ebenso, wie sie es herausfordern. Die zunehmende Zahl von Werken, die in den letzten Jahren aus seiner umfangreichen Prosa und Lyrik in westlichen Sprachen zugänglich gemacht wurden, zeigt, dass seine Bücher die besondere Qualität besitzen, über Zeitalter und Kulturen hinweg Menschen aus allen Schichten und Glaubensrichtungen anzusprechen. Trotz dieses wachsenden Interesses an seinem Werk sind die ihm zugeschriebenen Gebete in nicht-muslimischen Ländern bisher relativ wenig bekannt. Kraft ihres innigen Charakters gewähren sie einen kostbaren Einblick in die konkrete Praxis des spirituellen Lebens in der Sufi-Tradition. Das vorliegende Buch präsentiert diese Gebete Ibn 'Arabīs, die im arabischen Original weit verbreitet sind, erstmalig in einer westlichen Sprache.

Die hier vorgestellte Sammlung von Gebeten ist eine der beliebtesten und überaus bemerkenswert. Sie ist unter vielen unterschiedlichen Titeln bekannt, wie etwa »Tagesgebete« (*Awrād al-yawamiyya*), »Wochengebete« (*Awrād al-usbū'*), »Tages- und Nachtgebete« (*Awrād al-ayyām wa'l-layālī*) oder schlicht »Andachtsgebet« (*Wird*).

Der Begriff *wird* (Plural *awrād*) ist schwierig zu übersetzen: Die arabische Wurzel trägt die Bedeutung von »ankommen«, »erreichen«, »erscheinen« oder »empfangen werden«. Für die Wüstennomaden bezieht sich diese Wurzel hauptsächlich auf eine Wasserstelle oder Quelle, an der Reisende zum Trinken eintreffen. Im Kontext der spirituellen Praxis wird der Begriff *wird* normalerweise für persönliche Andachten und Gebete zu bestimmten Tages- und Nachtzeiten verwendet, die zusätzlich zu den fünf der muslimischen Gemeinde vorgeschriebenen Gebeten verrichtet werden. Häufig bestehen diese aus Koranstellen oder Gebeten für den Propheten, die auch an öffentlichen Zusammenkünften des Öfteren zitiert werden. Es gibt mehrere berühmte Andachtsgebete dieser Art, die von spirituellen Lehrern überliefert sind. Zu erwähnen wären etwa die folgenden aus dem Maghreb stammenden Beispiele von Zeitgenossen Ibn ʿArabīs: das Gebet des ʿAbd as-Salām Ibn Maschīsch (gestorben 1228), die »Litanei des Meeres« (*ḥizb al-baḥr*) des Abū al-Ḥasan ʿAlī asch-Schādhilī (gestorben 1258) oder das weniger bekannte »Segensgebet« (*ṣalāt al-mubāraka*) von ʿAbd al-ʿAzīz al-Mahdawī (gestorben 1224).

Anders als die soeben erwähnten, sind Ibn ʿArabīs »Wochengebete« nicht andächtig im üblichen Sinne und waren wahrscheinlich auch nicht als Gebete für die gemeinschaftliche Rezitation gedacht. Vielmehr erscheinen sie eher privater, intimer Natur, und ihre Bitten deuten auf einen hohen Grad von Verständnis und Selbsterkenntnis hin. Bei ihrer Lektüre fällt uns unmittelbar die Präzision und Tiefe der Formulierung auf, die sich in erster Linie auf die Klärung und den Lobpreis der Einheit (*tawḥīd*) ausrichtet. Die Gebete widmen sich der ausführlichen Darlegung des spirituellen Einsseins, drücken das innigste Zwiegespräch mit dem Göttlichen Geliebten aus und zeigen den Betenden als den wahren Verehrer. Der Sprecher und der Angesprochene werden hier als zwei Seiten ein und derselben Wirklichkeit verstanden. Das Rezitierte ist einerseits das, was »im Herzen ankommt« (*wārid*) und vom Verehrer »empfangen« wird, und andererseits die Bitte, welche den Wirklichen (*al-Ḥaqq*) erreicht und auf die geantwortet wird. Für die Leserinnen und Leser sind diese Gebete ebenso bildend wie erbauend.

Das Werk Gottes: Bitte und Erwiderung

> Jeder, der in den Himmeln und auf der Erde ist, erbittet von Ihm; und jeden Tag ist Er am Werk (Koran 55:29).[1]

Für Ibn ʿArabī drückt dieser Koranvers ein Kernthema des Daseins aus. In jedem Augenblick erbittet und erhält jedes Wesen, von der größten Galaxie bis zum kleinsten Partikel, seine physische und seine spirituelle Nahrung. In seinem Kommentar zu diesem Vers bemerkt Ibn ʿArabī:

> Das Werk [Gottes] ist das Ersuchen derjenigen, die bitten. Es gibt kein einziges Daseiendes, das nicht von Ihm, dem Erhabenen, erbittet; doch erbitten sie in unterschiedlichem Maß.[2]

Das Göttliche Wirken besteht also im unablässigen Erfüllen der Bitten der erschaffenen Wesen, vom höchsten bis zum niedrigsten. Dabei ist Gottes Erwiderung ebenso essenziell unabdingbar wie das Bitten der Geschöpfe. Mit der Aufforderung »Ruft Mich an, so erhöre Ich euch« [Koran 40:60 KE] hat Gott versprochen, das fortwährende Bitten der Geschöpfe zu erwidern, was wiederum eine Bitte in sich einschließt:

> Er bittet die Diener, Ihn anzurufen, während die Diener Ihn um Erwiderung bitten. So bitten und erwidern beide (*ṭālib wa maṭlūb*).[3]

Die Erwiderung ist ebenso beidseitig:

1. Für die deutsche Wiedergabe der Koranstellen wurden im Allgemeinen die Übersetzungen von Rudi Paret (1966, KP), von Nadeem Elyas und Frank Bubenheim (ab 1980, KE), von Adel Theodor Khoury (1987, KK), von Mirza Tahir Ahmad (1989, KT) sowie von Max Henning und Wilfried Hofmann (1998, KH) herangezogen [Anmerkung der deutschen Übersetzer].

2. Muḥyīddīn Ibn ʿArabī: *Ayyām al-sha'n,* in: *Rasā'il Ibn al-ʿArabī,* Hyderabad 1948, Seite 72. Eine Zusammenfassung der *Ayyām asch-scha'n* findet sich im Anhang A.

3. Muḥyīddīn Ibn ʿArabī: *Futūḥāt al-Makkiyya,* Kairo 1911 [nachfolgend: *Futūḥāt*], IV:101.

> Wer auch immer antwortet, wenn er gerufen wird, dem wird geantwortet, wenn er selbst ruft. Er antwortet, wenn er Ihn ruft, weil er Ihm geantwortet hat, bis er die Sprache des Gottgesandten spricht.[4]

> Wenn jemand dem Ruf Gottes antwortet, wenn Er ihn in der Sprache des offenbarten Gesetzes ruft – und Er ruft ihn nicht anders als so –, dann antwortet ihm Gott [wohlwollend] in allem, worum er gebeten hat. Also sage Seinen treuen Dienern, sie sollen »Gott und Seinem Gesandten antworten, wenn sie euch rufen…« [Koran 8:24], denn weder Er (Ehre sei mit Ihm) noch Sein Gesandter rufen euch, es sei denn »zu dem, was euch Leben gibt.«[5]

Gemäß Ibn ʿArabī ist es letztendlich in Wirklichkeit immer Gott selbst, Der um etwas gebeten wird, da es keinen anderen gibt als Ihn. Doch von einem beschränkten Standpunkt aus wird dies aufgrund der zahllosen Formen des Manifestierten schnell verwischt. Somit gibt es im Bitten verschiedene Stufen der Erkenntnis. Da auf unser Bitten immer eine Göttliche Erwiderung erfolgt, ist es wesentlich, sich dessen bewusst zu werden, worum wir eigentlich bitten. An einer höchst erhellenden Stelle beschreibt Ibn ʿArabī diese intime augenblickliche Bewusstheit mit dem Begriff der Göttlichen Nähe. Nachdem er den Koranvers »Ich bin nahe; Ich erhöre den Ruf des Bittenden, wenn er Mich anruft« (Koran 2:186 KE) kommentiert, schreibt er:

> Dass Er Sich selbst Nähe im Hören und Antworten zuschreibt, ist analog zu Seiner Selbstbeschreibung als »dem Menschen näher, als seine Halsschlagader« [Koran 50:16]. Hier vergleicht Er Seine Nähe zu Seinem Diener mit der Nähe des Menschen zu seinem eigenen Selbst. Wenn der Mensch sich selbst bittet, etwas zu tun, und dies dann tut, liegt kein Zeitraum zwischen der Bitte und der Erwiderung, was einfach Zuhören bedeutet. Der Augenblick des Bittens

4. Muḥyīddīn Ibn ʿArabī: *Kitāb al-ʿAbādilah,* 76:8. Siehe historisch-kritische Ausgabe von Pablo Beneito und Souad Ḥakīm, in Vorbereitung bei Anqa Publishing.

5. Ebenda 76:5.

> und der des Erwiderns ist tatsächlich ein und derselbe. Also ist die Nähe Gottes in der Erwiderung auf Seinen Diener [identisch mit] der Nähe des Dieners bei der Erwiderung auf sein eigenes Selbst. Dann [können wir sagen] ist das, worum er sein Selbst in irgendeinem Zustand bittet, ähnlich wie das, worum er seinen Herrn als ein besonderes Bedürfnis bittet.[6]

Die *Awrād* Ibn ʿArabīs sind eines der wunderbarsten Beispiele für die Möglichkeit des theophanischen Gebets. Unter der spezifischen Bitte liegt eine grundsätzliche Absicht: nämlich, die Dinge so zu sehen, wie sie aus der Perspektive des Wirklichen sind. In diesem Sinne sind die Gebete ebenso eine Form der Anrufung oder des Gedenkens (*dhikr*). In deren Rezitation gibt sich der Diener oder die Dienerin nicht einfach einer mechanischen Wiederholung hin, sondern bekennt bewusst die Gegenwart Gottes, öffnet sich der ganzen Kraft der Göttlichen Offenbarung und kostet ihren vielfältigen »Geschmack«. Eine solche Vergegenwärtigung des Gebets wird zu einem gegenseitigen Gedenken, so wie Gott sagt: »Gedenkt Meiner, so gedenke Ich euer« (Koran 2:152).

Um die Intimität dieser Beziehung zu unterstreichen, haben wir dieser Gebetssammlung den Titel »Die sieben Tage des Herzens« gegeben. Sie sind ein Gespräch mit dem Ungesehenen, eine private Kommunion, bei der nur eine Seite sichtbar sein kann. Man könnte sie mit einem Telefongespräch vergleichen: Am einen Ende können wir den Sprecher in den Hörer hineinreden sehen und hören, während sein Gesprächspartner verborgen, unsichtbar und – für alle außer dem Anrufer selbst – unhörbar bleibt. Gleichermaßen ist der sichtbare Text der Gebete nur ein Teil des Gesprächs, und sie zu rezitieren, bedeutet, in ein intimes Zwiegespräch mit Gott selbst verwickelt zu werden, in dem wir Ihn anrufen und selbst angerufen werden, in dem wir Ihn einladen und selbst eingeladen werden. Dies ist ein Zurückkehren zur Wirklichkeit, ein »Umkehren« (*tawba*), das ständige Wiederholung verlangt. Alle spirituellen Traditionen betonen, dass dies nicht in der normalen Arbeitsweise des Verstandes gelingen kann, sondern nur im tiefsten Inneren des Selbsts, das wir als »Herz« (*qalb*) bezeichnen. Es ist das Herz, das als Spiegel für die Göttliche Offenbarung dienen kann, das sich »dreht« oder »gedreht wird« (*taqallub*, aus derselben Wurzel wie

6. *Futūḥāt* IV:255.

qalb) entsprechend der Art und Weise, auf die Er Sich zu erkennen gibt. Das Vermögen des Herzens zu »schauen«, ist genau das, was das Gebet von einem Akt bloßer Wiederholung in eine bedeutungsvolle »Umkehr« verwandelt.

> Weil das [Gebet] eine geheime intime Umkehr ist, ist es eine Anrufung oder ein Gedenken (*dhikr*). Und wer auch immer Gottes gedenkt, findet sich bei Gott sitzend und Gott bei sich, gemäß dem Göttlichen Wort: »Ich sitze bei allen, die Meiner gedenken.« Wer auch immer sich sitzend findet mit Dem, Dessen er gedenkt, und innerlich zu schauen vermag, sieht den »Gegenübersitzenden«. Das ist Zeugenschaft (*muschāhada*) und Schau (*ru'ya*). Wer diese innere Fähigkeit nicht besitzt, wird Ihn nicht sehen. An diesem Vermögen oder Fehlen der Schau erkennt, wer betet, den eigenen spirituellen Rang.[7]

Die drei Welten und die drei Personen

Durch die Gebete hindurch ziehen sich Anspielungen auf zwei grundlegende Aspekte des Daseins: zum einen auf das sichtbare oder bezeugte (*schuhūd*) Reich, die Welt der Schöpfung (*khalq*) und des Königreichs (*mulk*), und zum anderen auf das unsichtbare oder ungesehene (*ghayb*) Reich, die Welt des Befehls (*amr*) und des Königtums (*malakūt*).[8] Diese entsprechen jeweils »Tag« und »Nacht«.[9] Gemäß Ibn ʿArabīs Lehre liegt zwischen den beiden Reichen ein Isthmus (*barzakh*) oder eine Schwelle, welche die beiden sowohl zusammenhält als auch trennt: Das ist die Stelle, an der Bedeutungen Gestalt annehmen und Formen Bedeutung gegeben

7. Muḥyīddīn Ibn ʿArabī: *Fuṣūṣ al-ḥikam*, Herausgegeben von Abū l-ʿAlā' ʿAfīfī, Beirut 1946 [nachfolgend: *Fuṣūṣ*], Kapitel über Mohammed, Seite 223. Siehe auch die deutsche Übersetzung *Die Weisheit der Propheten*, Zürich: Chalice Verlag, 2005 [nachfolgend: *Weisheit*], Seite 157, sowie die englische Übersetzung *The Bezels of Wisdom*, translated by R.W.J. Austin, London 1980 [nachfolgend: *Bezels*], Seite 280.

8. Obwohl die Begriffe »Königreich« und »Königtum« unterschiedliche Bezüge ausdrücken, können sie grundsätzlich als Synonyme verstanden werden. Siehe *Futūḥāt* II:129 für die Definition von *malakūt* als »die Welt der Bedeutungen und des Ungesehenen« sowie von *mulk* als »die Welt des Bezeugens«.

9. Vergleiche Kapitel 69 der *Futūḥāt* in der Übersetzung von William C. Chittick, Seiten 263–265.

wird. Er nennt sie »die Welt der Allmacht« (*dschabarrūt*) oder »der Vorstellungskraft« (*chayāl*). Es ist ein Zwischenreich, in dem die Pracht der Göttlichen Gegenwart kraft innerer Schau bezeugt wird und wo die oder der Betende zum Zwiegespräch eingeladen wird. Wahres Gebet geschieht in diesem Isthmus zwischen den sichtbaren und den unsichtbaren Welten.

Man kann die beiden Reiche genauso gut betrachten als das, was uns hier und jetzt gegenwärtig ist (*schuhūd*), im Gegensatz zu dem, was uns fehlt (*ghayb*). Ibn 'Arabī definiert das Ungesehene oder Abwesende (*ghayb*) als »dasjenige an dir, was Gott vor dir verborgen hat, nicht aber vor Sich selbst, und was also auf Ihn deutet.« Die dritte Person (»er« oder »sie«) kennzeichnet jemanden, der nicht hier ist, während die erste und die zweite Person (»ich« und »du«) sich auf die Anwesenden und Sichtbaren beziehen.[10] Die Kontemplation dieser Unterscheidung erschließt ein anderes Reich. Mit Gott ins Zwiegespräch zu treten, bedeutet, von offensichtlicher Abwesenheit in Seine Gegenwart zu gelangen. Dies macht den Abwesenden (»Er«) zum Gegenwärtigen (»Du«), sodass Er angeredet werden kann. Gleichzeitig gibt es immer auch jenen Aspekt von »Ihm«, der ungesehen bleibt und sich »meinem« Verständnis entzieht, weil Er zu majestätisch ist, um umfasst zu werden. Dennoch ist im letzten Mysterium des Einsseins das hörende »Du« kein anderes als das sprechende »Ich«. Gott ist also gleichzeitig anwesend und abwesend, Ich/Du und Er. »Unter ihnen [den Göttlichen Namen und Eigenschaften] sind«, wie Ibn 'Arabī sagt, »die Pronomen der ersten, der zweiten und der dritten Person.«[11]

Tatsächlich können wir also von drei Reichen sprechen, dem Königreich (*mulk*), dem Königtum (*malakūt*) und der Allmacht (*dschabarrūt*), die in gewisser Weise den drei Personen entsprechen. Aus unserem Blickwinkel bezieht sich das »Ich« auf das Königreich, auf das, was für mich und als ich gegenwärtig ist; während das »Er« sich auf das Königtum bezieht, auf das Reich des

10. Anders als das Deutsche, reflektiert die arabische Sprache diese Polarität von anwesend und abwesend. Im Deutschen scheinen »ich« und »du« semantisch nicht verwandt zu sein, doch im Arabischen besteht eine offensichtliche Korrelation zwischen *'anā* (ich) und *'anta* (du, männlich) beziehungsweise *'anti* (du, weiblich) aufgrund der gemeinsamen Buchstaben *alif* und *nūn*.

11. *Futūḥāt* IV:196. Im Arabischen heißt die erste Person »Sprecher« (*mutakallim*), die zweite »Angesprochener« (*muchāṭab*) und die dritte »Abwesender« (*ghā'ib*).

Unsichtbaren. Das »Du« bildet dann eine Brücke, einen Isthmus, zwischen den beiden auf dieselbe Weise, wie das Reich der Göttlichen Macht (*dschabarrūt*) die beiden Welten trennt und verbindet.

»Er« (auf Arabisch *Hū*), die dritte Person Singular, bezeichnet »das Unsichtbare, das nicht kontempliert werden kann. Er ist weder manifest noch ein Ort der Manifestation, aber Er ist das Gesuchte, Das die Zunge zu erklären versucht.«[12] Das bezieht sich direkt auf die Essenz selbst, ohne Sie in irgendeiner Weise zu qualifizieren, noch nicht einmal als unqualifizierbar. Obschon diese Er-heit oder Selbstheit (Ipseität, *huwiyya*) als »unsichtbar« oder »abwesend« angedeutet wird, verläuft Sie in allem: »Nichts manifestiert sich im Anbetenden und im Angebeteten außer Seiner Selbstheit. [...] Er allein betet an und wird angebetet.«[13] Viele Formulierungen in den *Awrād* fußen auf dieser Erkenntnis, wie zum Beispiel: »Oh Du, der Du der grenzenlose ›Er‹ bist, während ich der begrenzte ›Er‹ bin! Oh ›Er‹, neben Dem es keinen anderen gibt!«[14]

Gott wird in den *Awrād* auf verschiedene Arten angesprochen: manchmal als »Herr« (*rabb*), manchmal als »Meister« (*sayyid*), manchmal mit einem bestimmten Göttlichen Namen, dessen besondere Eigenschaft dabei angerufen wird. Die weitaus häufigsten sind *ilāhī* (übersetzt als »Oh mein Gott«) und *allāhumma* (»Oh Gott«). Diese beiden Arten werden nicht einfach aus Gründen der stilistischen Abwechslung verwendet, sondern sind präzise Formen der Anrede. Die erste, *ilāhī,* baut eine Beziehung zwischen dem Grad der Göttlichkeit (*ulūhiyya*) und demjenigen auf, über den Göttlichkeit ausgeübt wird (*ma'lūh*). Wie der Name »Herr« (*rabb*), braucht auch *ilāh* ein sichtbares »anderes«, ein Geschöpf, über dem Er Gott sein kann (daher der Gebrauch von »mein Gott«). Der Koran spricht beispielsweise vom »Gott der Menschen« (*ilāh an-nās*). Die zweite, *allāhumma,* ist eine Anrufungsform des Namens *Allāh.* Sie deutet auf die absolute transzendente Göttlichkeit (*ulū-*

12. *Futūḥāt* II:128.

13. *Futūḥāt* IV:102, siehe auch II:529.

14. Siehe »Sonntagabendgebet«, Seite 39. In einem erstaunlichen Kurzgedicht in den *Futūḥāt* (I:497) gelingt Ibn ʿArabī die Vermittlung der völligen Verwirrung der drei Personen (übersetzt von R.W.J. Austin in Stephen Hirtenstein: *Prayer & Contemplation,* Oxford 1993, Seite 16). Siehe auch Michel Chodkiewicz: *An Ocean Without Shore,* Albany 1993, Seite 36.

ha), die von keinem anderen als Ihm beschrieben werden kann. Ebenso wenig kann Er als »jemandes *Allāh*« beschrieben werden, weil der Name *Allāh* alle Namen in sich vereint und eine solche besondere Beziehung verwirft.[15]

Die Struktur der Awrād

Auf den ersten Blick könnte es scheinen, als seien die Gebete etwas simpel arrangiert worden: vierzehn an der Zahl, eines für jede Nacht und für jeden Tag der Woche. Liegt dem vielleicht eine tiefere Struktur zugrunde? Zwar liefert Ibn 'Arabī mit den Gebeten selbst keine explizite Erklärung für die Art ihrer Anordnung, doch finden wir an anderen Stellen seines Werks zahlreiche Hinweise, die es uns ermöglichen, ein höchst bemerkenswertes tieferliegendes Muster zu erkennen.

Zunächst einmal betrachtet Ibn 'Arabī den Wochenzyklus als heilig. Er ist ein Göttliches Zeichen, welches auf die Wirklichkeit des Seins verweist. Die sieben Tage und Nächte drücken Seinsaspekte oder spirituelle Wirklichkeiten aus, die zusammengenommen ein vollständiges Ganzes bilden und das ganze Dasein umfassen. Wie wir noch sehen werden, haben die sieben Wochentage eine subtile Beziehung zu den sieben Propheten.

Die Zahl Vierzehn ist bereits an sich bedeutungsvoll. Unter dem Gesichtspunkt des achtundzwanzigtägigen Mondkalenders repräsentiert Vierzehn den Vollmond und ist damit ein Symbol der vollkommensten Schönheit, in der das Licht der Sonne reflektiert wird. Die Zahl steht auch für die vollkommene menschliche Seele (*nafs kāmila*), die gegenüber der Wirkung des Göttlichen Geistes vollständig empfänglich ist. In der arabischen Sprache wird wahre Schönheit mit dem Bild eines »jungen, vierzehnjährigen Mädchens« gleichgesetzt. Im Kommentar zum vierzigsten Gedicht seines *Tardschumān al-aschwāq* (»Deuter der Sehnsüchte«) erläutert Ibn 'Arabī eine weitere Bedeutung, indem er die Vierzehn einer jungen Frau zuschreibt:

15. Diese beiden Anredeformen können mit den hebräischen Bibelwörtern *Eloha* und *Elohim* verglichen werden, die häufig mit »Gott« und »Gott der Herr« übersetzt werden.

> Ihr ist die Eigenschaft der Vollkommenheit zugeordnet und damit die vollkommenste aller Zahlen, nämlich die Vier, und damit ebenso die Zehn (denn 1+2+3+4=10). Daraus entsteht die Vierzehn (4+10). Die Zahl Vier enthält also die Drei, die Zwei und die Eins, so wie sie auch die Zehn enthält.[16]

In mathematischen Begriffen sind die Zahlen 4 und 14 beides Teiler der Zahl 28, die die Griechen als die zweite der sogenannten vollkommenen (oder perfekten) Zahlen kannten, welche die Summe all ihrer Teiler darstellen (28=1+2+4+7+14).

Wir können die Vierzehn auch als Verdoppelung der Sieben betrachten, was uns die sieben Verse der *Fāt̩hia,* der Eröffnungssure des Korans, in Erinnerung ruft, die auch als »die sieben oft Wiederholten« (*sabʿ mathānī*) bekannt sind, oder die sieben Himmel und die sieben Erden der islamischen Kosmologie, welche alle Welten der Manifestation von der höchsten bis zur niedrigsten einschließen. Die Zahl Sieben hat auch in Ibn ʿArabīs Lehre einen wichtigen Stellenwert und findet sich in seinen Texten über die spirituelle Himmelfahrt, über den geistigen »Aufstieg« durch die Sphären und über die Fähigkeiten des Menschen.

Die sieben Tage und sieben Nächte

Die sieben Tage der Woche sind ein uraltes Symbol des vollständigen Schöpfungskreislaufs. Sowohl die Bibel als auch der Koran sprechen von sechs Tagen des Göttlichen Wirkens, auf die ein Tag der Ruhe und Rast folgt. Die Verknüpfung der sieben Tage mit den sieben Hauptplaneten unseres Sonnensystems hat sich in den westlichen Sprachen verbreitet. Während das Hebräische und das Arabische ein nummerisches System beibehalten haben, benennen europäische Sprachen jeden Tag direkt nach einem Planeten:

16. Muḥyīddīn Ibn ʿArabī: *Dhakhāʾir al-aʿlāq,* Kairo 1995, Seite 443. Er spielt hier auch auf die pythagoreische Lehre der *tetraktys* oder des Tetraeders an, die einfachste dreidimensionale Form, deren sämtliche Ecken exakt in eine sie umschließende Kugel eingeschrieben werden können, und dessen 4 Flächen, 6 Kanten und 4 Spitzen die Summe 14 ergeben. Die Pythagoreer verbanden die Zahl Vier insbesondere mit der Harmonie.

Planet	Deutsch	Lateinische Sprachen: Französisch Spanisch	Arabisch	Prophet gemäß Ibn ʿArabī
1 **Sonne**	Sonntag	dimanche domingo	*yawm al-aḥad* »erster Tag«	Idrīs [Henoch]
2 **Mond**	Montag	lundi lunes	*yawm al-ithnayn* »zweiter Tag«	Adam
3 **Mars**	Dienstag	mardi martes	*yawm al-thulathā'* »dritter Tag«	Aaron & Johannes [Täufer]
4 **Merkur**	Mittwoch	mercredi miércoles	*yawm al-arbiʿā'* »vierter Tag«	Jesus
5 **Jupiter**	Donnerstag	jeudi jueves	*yawm al-chamīs* »fünfter Tag«	Moses
6 **Venus**	Freitag	vendredi viernes	*yawm al-dschumuʿa* »Tag der Versammlung«	Josef
7 **Saturn**	Samstag	samedi sábado	*yawm al-sabt* »siebter Tag«	Abraham

Die althergebrachte Zuordnung von Propheten zu Planeten wird hier auf die Wochentage erweitert. So bestehen für Ibn ʿArabī zwei Kreisläufe, die mit den sieben Propheten (oder den acht, wenn Johannes mit hinzugezählt wird) verbunden sind: die Reihenfolge der Planeten im physischen Universum und die Abfolge der Wochentage. Ob hinsichtlich Raum oder hinsichtlich Zeit, Ibn ʿArabī betrachtet diese Vorbilder der Menschheit als geistige Wirklichkeiten, die beiden Bedeutung verleihen.

Die spirituelle Dimension der physischen Ordnung zeigt sich in der Überlieferung von Mohammeds nächtlicher Reise (*isrā'*) oder Himmelfahrt (*miʿrādsch*): Als er durch die sieben Himmel aufstieg, durchreiste er jede der Sphären und traf dort den ihr zugeordneten Propheten. Diese körperliche Reise des Propheten Mohammed wird von den Heiligen spirituell wiederholt. In insgesamt vier verschiedenen Büchern beschreibt Ibn ʿArabī mit mehr oder weniger autobiografischen Details, wie er selbst die nächtliche Reise erlebte, und es wird deutlich, dass sie einen Grundstein seiner Lehren bildet.[17]

Ebenso gibt es eine spirituelle Dimension der Wochentage, die auf ähnliche Art zu denselben sieben Propheten in Beziehung stehen. Diese spirituellen Tage, sagt Ibn ʿArabī, seien »Zeiten«, in denen wir geistige Erkenntnisse, Betrachtungen und Mysterien erhalten, genauso wie der Körper während des Tages seine Nahrung erhält. In verschiedenen seiner Werke geht er explizit auf diese innere Dimension des Wochenzyklus ein. Die folgende Stelle aus seinem *Mawāqiʿ al-nudschūm* (»Zwielicht der Sterne«), verfasst 1199, also rund ein Jahr nach seiner großen Himmelfahrt in Fès, beschreibt, wie jemandem, der »ein Herz besitzt«, Erkenntnis der spirituellen Geheimnisse gewährt werden mag:

> Wisse, mein Sohn, dass es für jeden Tag [der Woche] einen unter den Propheten gibt, von dem ein Geheimnis auf das Herz des wachsamen Zeugen herabsteigt, ein Geheimnis, das diesen während des Tages entzückt und durch das er etwas von dem erfährt, was erkannt werden muss. Dies geschieht nur denen, die ein Herz besitzen.
>
> Am ersten Tag [am Sonntag] ist es Idrīs [Henoch], der sich mit einem Geheimnis an ihn wendet, das ihm die Ursachen der Dinge enthüllt, noch bevor deren Wirkungen ins Dasein treten. Am Montag spricht ihn Adam mit einem Geheimnis an, durch welches er die Gründe dafür erfährt, weshalb die Stationen der Suchenden zunehmen und abnehmen, und wie Gott Sich selbst offenbart. Am Dienstag sind es Aaron oder Johannes, die an ihn herantreten mit einem Geheimnis, das

17. Die erste Erfahrung einer Himmelfahrt (*miʿrādsch*), die Ibn ʿArabī schildert, geschah 1197 in Fès. Einzelheiten dazu finden sich im gleich darauf niedergeschriebenen *Kitab al-isrāʾ;* weitere Schilderungen beschrieb er in den Werken *Tanazzulāt al-Maṣiliyya* (verfasst 1205), *Risālat al-anwār* (ebenfalls 1205) sowie natürlich in den *Futūḥāt* in den Kapiteln 167 und 367 (die im Verlauf mehrerer Jahre entstanden). Weitere Forschungsarbeiten über die Beziehungen zwischen den Wochentagen, Propheten, Göttlichen Namen und Buchstaben müssten alle diese Werke berücksichtigen. Zu Ibn ʿArabīs Himmelfahrten siehe Stephen Hirtenstein: *Der grenzenlos Barmherzige – Das spirituelle Leben und Denken des Ibn ʿArabī,* Zürich: Chalice Verlag, 2008, Seiten 174–186, sowie Muḥyīddīn Ibn ʿArabī: *Reise zum Herrn der Macht,* Zürich: Chalice Verlag, 2007.

> ihn darüber unterrichtet, was an den Einflüssen, die aus dem Unsichtbaren auf ihn wirken, förderlich oder schädlich für ihn ist. Am Mittwoch wendet sich Jesus an ihn mit einem Geheimnis, durch welches er von der Vollendung der Stationen erfährt und davon, wie und durch wen diese versiegelt sind. Am Donnerstag ist es Moses, der ihn mit einem Geheimnis anspricht, durch welches er die religiösen Vorschriften und die Mysterien des vertraulichen Zwiegesprächs kennenlernt. Am Freitag tritt Josef an ihn heran mit einem Geheimnis, das ihn unterrichtet von den Mysterien des fortwährenden Aufstiegs durch die Stationen, von der [Göttlichen] Verfügung und von dem Ort, an dem diese erlassen wird. Und am Samstag ist es Abraham, der sich an ihn wendet mit einem Geheimnis, durch das er erfährt, wie er mit Feinden umgehen und wann er diese bekämpfen soll, und dies ist die Gegenwart der Stellvertreter (*abdāl*).[18]

Sonntag, der »erste Tag« oder der »Tag des Einen« (*al-Aḥad*), ist mit Idrīs verbunden, der seinerseits mit der Sonne in Bezug gebracht wird. So wie die Sonne der vierte Himmel ist und, im physischen Raum, im Zentrum der sieben Planeten steht, so verdeutlichen die von ihm enthüllten Geheimnisse, nämlich »die Ursachen der Dinge, noch bevor deren Wirkungen ins Dasein treten«, seine hervorgehobene Stellung als himmlischer Pol (*quṭb*).[19] Gleichzeitig finden wir ihn hier als Ausgangspunkt des Zyklus, als »Begründer der Weisheit«, wie er in den *Futūḥāt* genannt wird, mit einem starken Bezug zum Prinzip der Einzigkeit (*aḥadiyya*). Dazu finden sich mehrere bedeutende Stellen in Ibn ʿArabīs Werk,[20] besonders jene, welche die Erkenntnis der Einheit (*tawḥīd*) erörtern. Doch um jegliche allzu enge Auslegung zu vermeiden, weist Ibn ʿArabī darauf hin, dass dies nicht die einzigen Geheimnisse sind, die von jedem der Propheten enthüllt werden, sondern nur die ersten.

18. Muḥyīddīn Ibn ʿArabī: *Mawāqiʿ al-nudschūm*, Kairo 1965, Seite 157.

19. Im *Risālat al-anwār* schreibt Ibn ʿArabī über diese Stufe: »Du erhältst Macht über die Symbole, das Wissen um sie alle und die Befugnis, über ihre Verschleierung und Entschleierung zu bestimmen.« Siehe Muḥyīddīn Ibn ʿArabī: *Reise zum Herrn der Macht*, Seite 50.

20. Siehe beispielsweise *Futūḥāt* I:152–157 und III:348–349; *Fuṣūṣ*, Seiten 75–80; (*Weisheit*, Seiten 57–61; *Bezels*, Seiten 82–89); oder *Tanazzulāt al-Maṣiliyya*, Seiten 112 ff. Vergleiche ebenso *Futūḥāt* II:421–456 über die *tawadschuhāt al-asmāʾ*.

In seinem Buch über die Bedeutung des Siegels der Heiligen, dem *ʿAnqāʾ Mughrib,* das etwa zur gleichen Zeit verfasst wurde wie das *Mawāqiʿ al-nudschūm,* wiederholt er explizit diese prophetischen Entsprechungen:

> Wenn dein Tag der Sonntag ist, dann ist Idrīs dein Gefährte, also gebe dich nicht mit irgendwem ab! Und wenn es Montag ist, dann ist Adam dein Gefährte zwischen den beiden Welten. Ist Dienstag dein Tag, dann ist Aaron dein Gefährte, also halte dich an die rechte Führung, und Johannes ist dein Vertrauter, also bleibe rein und genügsam. Wenn es Mittwoch ist, dann ist Jesus dein Gefährte, also halte fest am heiligen Leben und sei standhaft in der Wüste. Ist es Donnerstag, dann ist es Moses: denn die Verhüllung wird gänzlich gelüftet und du wirst in einer Art Enthüllung angesprochen, nicht von irgendeinem Menschen oder durch ein Feuer; und wahrlich, der Engel erfreute sich [bei der Erwähnung des Namens Gottes] und der Teufel zog sich zurück. Und wenn dein Tag der Freitag ist, dann ist Josef, der die Eigenschaften des leidenschaftlich Geliebten besitzt, dein Gefährte; und es ist Abraham, wenn Samstag dein Tag ist, also beeile dich, deinem Gast die Ehre zu erweisen, bevor [Er] wieder verschwindet. Dies sind die Tage der Gnostiker (*ayyām al-ʿārifīn*) und den Reisenden die funkelnden Sterne am Firmament![21]

Ibn ʿArabī misst dem Mittwoch, dem vierten der sieben Tage, eine besondere Bedeutung bei.[22] Er betrachtet ihn als den Tag des Lichts (*nūr*) und das Zentrum der Woche, so wie die Sonne (im geozentrischen Weltbild) die mittlere, vierte Stelle unter den physischen Planeten einnimmt. Da Mittwoch der Tag Jesu ist, wird hier auch auf dessen zentrale zeitliche Stellung als Siegel der universellen Heiligkeit hingedeutet. Anspielungen auf die Wichtigkeit dieses prophetischen Prinzips finden sich durch die Tagesgebete der ganzen *Awrād* hindurch. Die offensichtlichste ist eine Rand-

21. Muḥyīddīn Ibn ʿArabī: *ʿAnqāʾ Mughrib,* übersetzt von G. Elmore *als Islamic Sainthood in the Fullness of Time,* Leiden 1999, Seiten 439–441; vergleiche auch Wolfgang Herrmanns deutsche Übersetzung in *Der sagenhafte Greif des Westens,* Herrliberg: Edition Shershir, 2012, Seiten 275–276.

22. Es ist der einzige Tag, an dem alle spirituellen Wirklichkeiten der Sphären Anteil haben. Siehe dazu Anhang B.

bemerkung zum Dienstagmorgengebet: Zwei ehrwürdige Menschen erschienen und gaben Ibn ʿArabī dieses Gebet zur Rezitation.[23] Obwohl dort nicht explizit erwähnt wird, wer sie waren, lassen sie sich möglicherweise als die mit Dienstag assoziierten Propheten Aaron und Johannes identifizieren. Zudem skizziert Ibn ʿArabī in seinen *Ayyām asch-scha'n* (»Die Tage des Werks Gottes«, siehe Anhang B) ein komplexeres Beziehungsgeflecht zwischen diesen sieben Propheten und den sieben Wochentagen.

In der jüdischen wie auch in der arabischen Tradition beginnt der Tag nicht bei Sonnenaufgang, sondern bei Sonnenuntergang. Das zeitliche Vorangehen der Nacht ist bereits im fünften Vers der Genesis belegt, wo der erste »Tag« der Schöpfung so beschrieben wird: »Und Gott nannte das Licht ›Tag‹ und die Dunkelheit nannte Er ›Nacht‹; da wurde aus Abend und Morgen der erste Tag.« Seit Einführung der Uhrzeit mit ihrer rigorosen Festlegung des Tagesanfangs auf Mitternacht und erst recht aufgrund des Ablaufs unseres heutigen Alltagslebens ist dieser natürliche Rhythmus nicht mehr so augenfällig.

Ibn ʿArabī setzt die Nacht mit der Welt des Ungesehenen (*ghayb*) gleich, in welcher die Seele sich in ihrem wahren Zustand zeigt: ein Mond, der das reine Licht des Göttlichen Geistes reflektiert. Während die Tage den Propheten gehören, entsprechen die Nächte den Heiligen (*awliyā'*). Die kontemplative Erkenntnis, die Ibn ʿArabīs gesamtem Werk zugrunde liegt und als das Vorrecht der Heiligen gilt, ist die Wissenschaft der Buchstaben.[24] Daher ist es nicht weiter überraschend, dass der Schlüssel zum Verständnis der Struktur der Nachtgebete im arabischen Alphabet liegt.

In einem weniger bekannten der Ibn ʿArabī zugeschriebenen Bücher, mit dem Titel *Tawadschuhāt al-ḥurūf* (»Deutungen der Buchstaben«), wird jedem Buchstaben des Alphabets ein Gebet zugeordnet (siehe Anhang E). Der Text beginnt mit dem Buchstaben *alif* und endet mit dem Doppelbuchstaben *lām-alif*, was einen Zyklus von neunundzwanzig statt der üblichen achtundzwanzig Zeichen beschreibt. Möglicherweise war dies als ein Kreislauf gedacht, der an derselben Stelle endet, an der er beginnt: beim *alif*, das die Essenz selbst repräsentiert. Die Komposition von Buchstabengebeten entbehrt nicht einer gewissen Tradition: In den biblischen Psalmen finden wir eine solche (Psalm 119), die aus zwei-

23. Siehe Dienstagmorgengebet, Seite 72.
24. Siehe Muḥyīddīn Ibn ʿArabī: *Kitāb al-mīm wa'l-wāw wa'l-nūn,* Seite 2.

undzwanzig Gebeten besteht, von denen jedes einem der zweiundzwanzig Buchstaben des hebräischen Alphabets gewidmet ist. Jede Zeile und die Schlüsselbegriffe des jeweiligen Gebets beginnen mit dem entsprechenden Buchstaben. Auch die *Tawadschuhāt* zeigen eine starke Betonung einzelner Buchstaben; zum Beispiel finden wir den Buchstaben *qāf* in wenigen Zeilen mehr als siebzig Mal verwendet. Dabei ist nicht nur die physische Artikulation des Buchstabens wichtig; Ibn ʿArabī stellt eine Verbindung her zwischen den achtundzwanzig arabischen Buchstaben und den achtundzwanzig Tagen des Mondkalenders, wobei jeder Buchstabe eine besondere »Stimmung« und eine grundsätzliche Bedeutung hinsichtlich des gesamten kosmologischen Zyklus besitzt.[25]

In den *Awrād* wurden vierzehn dieser Gebete aus den *Tawadschuhāt* zu sieben »Doppelgebeten« zusammengestellt. Jedes Abendgebet der *Awrād* besteht somit aus zwei Buchstabengebeten, die von Koranversen zusammengehalten werden. Liegt dem eine Struktur zugrunde? Basieren die Buchstabenkombinationen auf Klang? Oder wird die Auswahl von anderen Faktoren bestimmt? Möglicherweise findet sich der Schlüssel in der Korrespondenz zwischen Buchstaben und Zahlenwerten, die gemeinhin als *abdschad*-System bezeichnet wird (siehe Anhang C). Die untenstehende Tabelle zeigt diese Entsprechungen in vier Zeilen und sieben Spalten, wie es im östlichen *abdschad* üblich ist:

1 *alif*	2 *bāʾ*	3 *dschīm*	4 *dāl*	5 *hāʾ*	6 *wāw*	7 *zāy*
8 *ḥāʾ*	9 *ṭāʾ*	10 *yāʾ*	20 *kāf*	30 *lām*	40 *mīm*	50 *nūn*
60 *sīn*	70 *ʿayn*	80 *fāʾ*	90 *ṣād*	100 *qāf*	200 *rāʾ*	300 *schīn*
400 *tāʾ*	500 *thāʾ*	600 *chāʾ*	700 *dhāl*	800 *ḍād*	900 *ẓāʾ*	1000 *ghayn*

25. Vergleiche dazu die Illustration in TITUS BURCKHARDT: *Mystical Astrology according to Ibn ʿArabī*, Louisville: Fons Vitae, 2001, Seiten 32–33, die aus den *Futūḥāt* II:421–456 über die *tawadschuhāt al-asmāʾ* stammt.

Indem wir jede Spalte als zu einem der sieben Tage gehörend betrachten, gelangen wir zu folgenden Buchstabenkombinationen, die für die Abendgebete verwendet wurden:

Mi	Do	Fr	Sa	So	Mo	Di
alif	*bā'*	*dschīm*	*dāl*	*hā'*	*wāw*	*schīn*
sīn	*thā'*	*chā'*	*ṣād*	*qāf*	*rā'*	*ghayn*

Es mag eigenartig erscheinen, dass lediglich vierzehn Buchstaben Anwendung finden und dass der Wochenzyklus hier mit dem Mittwochabend beginnt. Warum wurden nicht alle vier Buchstabengebete verwendet? Und weshalb beginnen die Abendgebete nicht mit dem Sonntag, so wie es die Tagesgebete tun? Eine Erklärung dazu findet sich möglicherweise, wenn wir die Struktur der Woche betrachten und die Bedeutung der Buchstabensymbolik.

Beginnen wir die Woche wie üblich mit dem Sonntag, dann finden wir den Buchstaben *alif* am vierten Tag im Zentrum der Woche mit jeweils drei Tagen davor und danach. Ibn 'Arabī betrachtet das *alif* als den Buchstaben, der für die Göttliche Essenz steht, und als das Zentrum oder das »Herz« aller Dinge. Dies liegt an seiner grafischen Gestalt (ein gerader, vertikaler Strich ohne jegliche Krümmung und losgelöst von allen anderen Buchstaben), an seinem Zahlenwert (1) und an der Tatsache, dass er der erste des Alphabets ist. Zudem können wir ein wichtiges nummerisches Muster erkennen: Sechs Buchstaben sind den ersten drei Tagen (Sonntag, Montag, Dienstag) zugeordnet und sechs Buchstaben den letzten drei (Donnerstag, Freitag, Samstag). Da die Zahl 6 dem Buchstaben *wāw* entspricht, kann die ganze Woche als *w* (*wāw*) + *ā* (*alif*) + *w* (*wāw*) gelesen werden, was den Namen des letzten ausgesprochenen Buchstaben des Alphabets, *wāw,* ergibt. Auch der zusätzliche Buchstabe des Mittwochs, *sīn,* hat einen Wert von 60, oder von 6 in der Zehnerreihe; seine Quersumme beträgt 6, was wiederum dem *wāw* entspricht. In Ibn 'Arabīs Lehre deutet das *wāw* auf die letzte Stufe des Daseins hin, auf den vollkommenen Menschen, in dem alle vorangehenden siebenundzwanzig Daseinsstufen zusammengefasst sind.[26] Ein weiterer bemerkenswerter Aspekt dieser Buchstaben liegt in der Spannbreite ihrer Zahlenwerte: Sie reicht vom *alif* (1, was die Essenz repräsentiert) bis zum *ghayn* (1000, was die Vielfachheit ausdrückt).[27]

Die innere Struktur der Gebete lässt sich in der folgenden Tabelle zusammenfassen:

	So	Mo	Di	Mi	Do	Fr	Sa
Abend	*hāʾ* / *qāf*	*wāw* / *rāʾ*	*schīn* / *ghayn*	*alif* / *sīn*	*bāʾ* / *thāʾ*	*dschīm* / *chāʾ*	*dāl* / *ṣād*
Tag	Idrīs	Adam	Aaron / Johannes	Jesus	Moses	Josef	Abraham

Aus dieser Tabelle können wir ersehen, dass der Mittwoch nicht nur mit dem Buchstaben *alif* assoziiert wird, sondern auch der Tag Jesu ist. Dessen Stellung im Zentrum des zeitlichen Zyklus entspricht der Position von Idrīs im Zentrum der physischen Sphären.

Der Tag Mohammeds

Eine grundsätzliche Frage bleibt bestehen: Wenn jeder Wochentag mit einem der sieben Propheten in Beziehung steht, welche Rolle spielt dann der Prophet Mohammed? Wird er hier mit einem be-

26. Für weitergehende Erklärungen zu den Buchstaben *alif* und *wāw* siehe Anhang D.

27. Diese Buchstabenkombinationen sind auch hinsichtlich ihrer Zahlenwerte höchst bedeutsam. Unter Verwendung des sogenannten »kleinen« *abdschad*-Systems (das sämtliche Zahlenwerte zu einzelnen Ziffern quersummiert) erhalten wir Folgendes: Mittwoch = 1 + 6 = 7; Donnerstag = 2 + 5 = 7; Freitag = 3 + 6 = 9; Samstag = 4 + 9 = 13 = 4; Sonntag = 5 + 1 = 6; Montag = 6 + 2 = 8; Dienstag = 3 + 1 = 4. Werden diese Quersummen wiederum addiert, ergibt sich die Summe von 45, was dem Zahlenwert des Namens »Adam« (1 + 4 + 40) entspricht. Diese Zahl deutet für Ibn ʿArabī auf die Vollkommenheit der adamischen Göttlichen Form hin sowie auf die Wissenschaften, die Gott Adam lehrte, wie er an folgender Stelle schreibt: »Die Matrizen [oder Mütter] des Wissens Gottes (*ummuhāt al-ʿilm billāh*), soweit Er von den Welten unabhängig ist, sind 45 Wissenschaften« (*Kitab al-Ifāda*, Manisa 1183, fol. 114a).

sonderen Tag in Verbindung gebracht? Die Antwort darauf findet sich zu Beginn von Ibn ʿArabīs kurzem Buch mit dem Titel *Ayyām asch-scha'n:*

> Möge der Segen Gottes über demjenigen sein, dessen Tag der alltägliche ist (*al-maʿrūf*), dessen Tag, was seine sichtbare Wirkung betrifft, der Dienstag und, was seine wesentlichen Merkmale anbelangt, der Freitag ist. Seine Feinheiten durchziehen jeden Tag und seine Wirklichkeiten durchfluten jede Stunde.[28]

Der »Tag« Mohammeds lässt sich hier auf drei Arten betrachten. Die erste bezieht sich auf den »alltäglichen« (oder den »bekannten«, *maʿrūf*) oder den allgemeinen Tag ohne irgendwelche Unterscheidung, auf das Element eines »jeden Tages«. Mohammeds Wirklichkeit steht nicht mit einem bestimmten Tag in Beziehung, weil er als das allumfassende Prinzip verstanden wird. Sein Tag ist das eigentliche Element »Tag«, auf welcher Ebene man es auch betrachtet, ob als Minute, als Stunde oder als die Woche selbst.[29] Andererseits können die besonderen Tage Dienstag und Freitag in bestimmter Weise mit dem Propheten in Verbindung gebracht werden. Dienstag, als dritter Tag, drückt die Prinzipien der Zahl Drei aus, der ersten der ungeraden oder singulären[30] Zahlen, und die Verbindung des Propheten zur Singularität erläutert Ibn ʿArabī im Kapitel über Mohammed in seinen *Fuṣūṣ:*

28. *Ayyām al-sha'n,* Seite 1. Bei Zugrundelegung des »kleinen« *abdschad*-Systems haben sowohl Dienstag als auch Freitag eine Beziehung zur Zahl 3: Sonntag, Montag, Dienstag (*qāf*/1, *rā'*/2, *schīn*/3) und Mittwoch, Donnerstag, Freitag (*alif*/1, *bā'*/2, *dschīm*/3).

29. Dazu drückt sich Ibn ʿArabī zu Beginn der *Ayyām asch-scha'n* sehr präzise aus:

> Ich habe diesem Buch den Titel *Ayyām asch-scha'n* [»Die Tage des Werks Gottes«] gegeben, weil es von allem handelt, was am kleinsten Tag des Kosmos geschieht hinsichtlich der Göttlichen Wirkungen und Verfügungen in Bildung und Zerfall, in Aufstieg und Abstieg, im sichtbaren und im unsichtbaren Dasein. Er (möge Er gepriesen sein) verwies auf diesen »kleinen Tag« als den Tag, der allgemein bekannt ist, indem Er einen allumfassenden Ausdruck verwendete, sodass es die Angesprochenen verstehen könnten, denn Er sagte: »Ihn bittet, wer in den Himmeln und auf der Erde ist. Jeden Tag befasst Er Sich mit einer Angelegenheit.« [Koran 55:29 KE].

30. Im Englischen werden die ungeraden (*odd*) Zahlen manchmal auch »einfach« oder »singulär« (*singular*) genannt im Gegensatz zu den geraden (*even*) oder »zweifachen« (*dual*) Zahlen [A.d.Ü.].

> Seine Weisheit ist Singularität [oder Einzigkeit] (*fardiyya*), denn er war das vollkommenste Daseiende in dieser Menschheit, und darum beginnt und endet der Befehl [oder Schöpfungsakt] (*amr*) mit ihm. Denn einerseits war er [bereits] ein Prophet, als Adam noch [immer] zwischen Wasser und Ton war, während er andererseits in seinem elementaren, irdischen Dasein das Siegel der Propheten war. Die erste der singulären [oder einzigartigen] Zahlen ist die Drei, von der sich alle anderen singulären Zahlen ableiten. So war er das größte Sinnbild für seinen Herrn, denn ihm wurde die allumfassende Gesamtheit der Worte (*dschawāmiʿ al-kalim*) verliehen, welche die Inhalte sind der Namen [die Gott] Adam [lehrte].[31]

Der Freitag (*yawm al-dschumuʿa,* wörtlich »Tag der Versammlung«) drückt deutlich das Prinzip der Synthese (*dschamʿ*) aus. Mohammed ist das Siegel, das all die Botschaften der vorangegangenen Propheten zusammenfügt, und das Vorbild an menschlicher Vollkommenheit, das alle Arten der Vollendung in sich vereinigt.

Wenn die Abendgebete der *Awrād* so verschlüsselt wurden, dass sie *wāw,* den Buchstabennamen des vollkommenen Menschen, ergeben, könnten wir in den sieben Propheten der Tagesgebete ebenso Ausdrücke oder Arten desselben vollkommenen Menschen sehen. Diese tiefer liegende Struktur, ein Geflecht von Buchstaben und prophetischen Figuren, das auf die mohammedanische Vollendung hindeutet, erscheint vollkommen absichtlich, obwohl einige Fragen noch immer offen bleiben. Haben die beiden Buchstaben eines jeden Abendgebets eine besondere Verwandtschaft oder Verbindung zueinander innerhalb des eigentlichen Gebetstextes?[32] Könnte eine besondere Beziehung zwischen ihnen und dem Propheten dieses Tages bestehen? Möglicherweise, obwohl all dies eher ein Gegenstand der Kontemplation als der Spekulation wäre.

31. *Fuṣūṣ,* Seite 214; (*Weisheit,* Seiten 143–144; *Bezels,* Seite 272).

32. Beispielsweise können wir erkennen, dass die beiden Buchstaben des Sonntagabends, *hāʾ* und *qāf,* sich zum Wort *qahr* (Unterwerfung oder Überwältigung) kombinieren lassen, das im Text dieses Gebets häufig vorkommt. Die Buchstaben *wāw* und *rāʾ* des Montagabends können zu *rūḥ* (Geist) oder *rawḥ* (Freude) zusammengestellt werden.

Die Awrād: *Manuskripte und Übersetzungen*

Die zahlreich vorhandenen Manuskripte dieser Gebetssammlung widerspiegeln die Tatsache, dass sie in der islamischen Welt über Jahrhunderte hinweg sehr bekannt und beliebt war. In seiner 1964 erschienenen *Histoire et Classification de l'Oeuvre d'Ibn 'Arabī* listet Osman Yahia fast vierzig auf (*RG* 64), obwohl diese tatsächlich nur einen Bruchteil aller erhaltenen Manuskripte darstellen. Andere sind unter abweichenden Titeln aufgelistet (zum Beispiel *RG* 16a) oder finden sich in Sammlungen von Bibliotheken, die Yahia nicht konsultiert hat. Weitere mögen sich zudem in Privatbesitz befinden. Von den uns heute bekannten Manuskripten datiert keines weiter zurück als aus dem frühen zwölften Jahrhundert nach der Hidschra; keines ist also älter als dreihundert Jahre. Wir haben unserer Übersetzung mehrere Versionen zugrunde gelegt, einschließlich einer, die auf eine direkte Verbindung zu Ibn 'Arabī selbst schließen lässt. Der Text als solcher scheint uns vollständig zu sein, und wo dies sinnvoll erschien, haben wir Interpretationsvarianten angemerkt. Eine historisch-kritische Ausgabe bedürfte der weiteren Forschungsarbeit, die jedoch aufgrund des Mangels an älteren Manuskripten keine größere Verlässlichkeit garantieren würde. Eine Analyse der von uns verwendeten Manuskripte findet sich in Anhang E.

Es muss betont werden, dass der arabische Text außergewöhnlich prächtig und poetisch verfasst ist und ein Geflecht von Reim und Rhythmus aufweist, das von der Prosa des Korans inspiriert zu sein scheint und in einer Übersetzung nicht vermittelt werden kann. Auch zeigt sich ein überwältigender Reichtum von Anspielungen auf den Koran und die Hadithe; diese haben wir im Text mittels Kursivschrift kenntlich gemacht und in den Anmerkungen durch ausführlichere Zitate ergänzt. Dazu haben wir Arthur John Arberrys berühmte Koranübersetzung benutzt,[33] die wir jedoch mitunter dem Kontext anpassen mussten aufgrund der Art, wie Ibn 'Arabī den mitschwingenden Bedeutungsreichtum der arabischen Sprache einbezieht.

Wie im Fall des Korans selbst, kann für den wundervollen Klang und die Bedeutungsvielfalt der ursprünglichen Sprache die-

33. Zu den deutschen Koranzitaten siehe Fußnote 1.

ser Gebetssammlung kein Ersatz geboten werden, und keine Übersetzung vermöchte, es mit deren arabischer Rezitation aufzunehmen. Die reine Schönheit des Originals, sein eleganter Stil, die von Ibn ʿArabī fein gewobenen begrifflichen Zwischenverbindungen, die Erhabenheit der zugrundeliegenden Erkenntnis – sie alle machen die *Awrād* zu einem spirituellen Meisterwerk. Vor allem anderen aber sind es Gebete, ob sie nun verstanden werden als eine Form der Andacht zu Beginn oder nach Abschluss anderer Handlungen oder als ein nie endendes kontemplatives Herzensgebet. Sie erscheinen als ein natürlicher Ausdruck eines Herzens, das sich Gott vollkommen hingibt. Explizit wie implizit verweisen sie auf die wahre Wirklichkeit des Menschen, der als Abbild Gottes erschaffen wurde, seinen Ursprung erkannt hat und in vollkommener, bewusster Übereinstimmung mit seinem Herrn handelt und darin die reine Dienerschaft verwirklicht. Dies begründet die wahre Nachfolge des Propheten:

> Weil er [Mohammed] von Anfang an als reiner Diener erschaffen wurde, erhob er niemals sein Haupt in herrschaftlicher Geste, sondern verweilte, in Niederwerfung und im [Vor-Gott-]Stehen, im Zustand [vollkommener] Empfänglichkeit, bis Gott aus ihm hervorbrachte, was Er aus ihm hervorbrachte.[34]

In Form von Gebeten zeigt sich eine solche Nachfolge des Propheten in höchster Ausprägung darin, dass Ibn ʿArabī viele bekannte Gebetstexte und Segenswünsche für Mohammed ganz am Ende seiner *Futūḥāt* zitiert.[35] Diese abschließende Sequenz, übertitelt mit »Schluss des Kapitels« (*khātimat al-bāb*), steht am Ende der direkten Ratschläge (*waṣiyya*), die das 560. und letzte Kapitel bilden. Es ist nicht nur aufschlussreich, dass er beschloss, sein Meisterwerk mit einer Sammlung besonderer Gebete für bestimmte Gelegenheiten, gefolgt von rund fünfzig innigen prophetischen Gebeten (aus dem Koran sowie den Hadithen), zu vollenden; es ist auch höchst auffällig, wie sehr sich diese letztere Sammlung an die Reime, Rhythmen und Formulierungen anlehnt, die wir in den *Awrād* finden. So lautet beispielsweise das dritte Gebet Mohammeds, das

34. *Fuṣūṣ*, Seite 220; (*Weisheit*, Seite 152, bzw. *Bezels*, Seite 278).
35. *Futūḥāt* IV:552–553.

Ibn ʿArabī in dieser allgemeinen Auflistung anführt:[36] *Allāhumma, innī as ʾaluka l-hudā wa-t-tuqā, wa-l-ʿafāfa wa-l-ghinā, wa-min al-ʿamali mā tarḍā* (»Oh Gott, ich erbitte von Dir Führung und rechtschaffene Leitung, auf dass ich mich enthalte und frei sei [von allem Unerlaubten] und erfüllen möge, was immer Dir gefällt«). Eine ähnliche Formulierung findet sich im Montagmorgengebet: *as ʾaluka n-nūra wa-l-hudā, wa-l-adaba fi l-iqtidāʾ* (»Ich erbitte von Dir Licht und Führung und ein gutes Benehmen in Übereinstimmung [mit Dir]«). Also findet sich das Vorbild der *Awrād* in den täglichen Bittgebeten und im Verhalten des Propheten.

Über viele Jahrhunderte hinweg und auch noch heute wurden und werden diese Gebete von Männern und Frauen auf der ganzen Welt als Lobpreisung rezitiert. Wie ein Freund bemerkt hat, lehren sie uns, auf die allerbeste Weise mit Gott zu reden, denn dies ist nichts, von dem wir automatisch wüssten, wie es geht. Dass die hier folgende Übertragung den nicht arabisch sprechenden modernen Leserinnen und Lesern zumindest ein wenig von der großartigen und wunderschönen Kraft dieser Gebete vermitteln möge, können wir nicht mehr als erhoffen.

❧

36. Im Gegensatz zu den besonderen, für verschiedene Gelegenheiten bestimmten Bittgebeten zu Beginn der Sammlung.

Die Gebete

Übersetzung und Anmerkungen

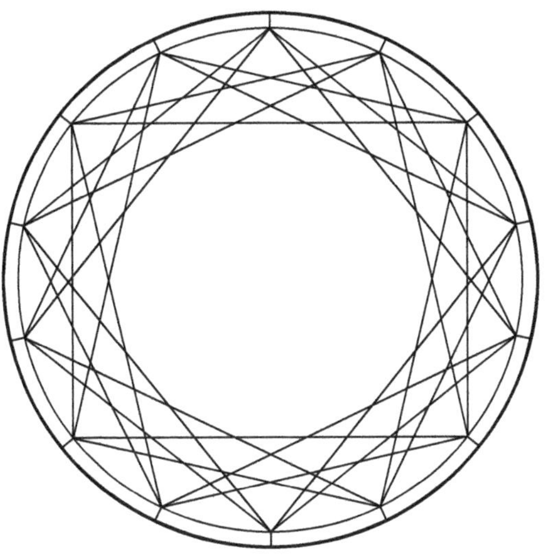

Eröffnungsgebet[1]

Im Namen Gottes, des Allerbarmherzigsten und Allergnädigsten:

Gepriesen sei Gott für Sein Bringen von vortrefflichstem Gelingen! Ihn bitte ich um:

Führung auf Seinem Pfad;

Inspiration im Bezeugen Seiner Wirklichkeit;

ein Herz in Gewissheit Seiner Wahrheit;

einen Verstand, erleuchtet vom glücklichen Bewusstsein Seines Vorangehens;[2]

einen Geist, erfüllt von innigem Verlangen nach Ihm;[3]

eine *Seele, in Ruhe* gelassen[4] von Unwissenheit und ihren einhüllenden Wolken;

ein Verstehen, strahlend vom aufblitzenden Glanz des Denkens;

einen Herzensgrund, erblühend im *Quellwasser* der Erleuchtung und ihrem reinen *Nektar;*[5]

eine Sprache, auswerfend den Teppich des Ausholens und Klarstellens;

ein Denken, erhoben über die scheinbare Pracht des Vergänglichen und seiner Schnörkel;

eine Einsicht mit der Kraft, das geheime Mysterium des Seins zu bezeugen im Bühnenbild der Schöpfung und ihrem Verlauf;

Sinne, in bester Gesundheit erhalten vom erquickenden Wehen des Geistes,[6] das den Weg ebnet;

ein unabhängiges Wesen, geläutert von der Beschwerde des Mangels und seiner Bedeckung;

einen Hang zur vollständigen Empfänglichkeit für die Zügel des Göttlichen Gesetzes und seiner bindenden Kraft;

und [in jedem] Augenblick [einen Zustand] der Führbarkeit durch Sein Vereinigen und Sein Unterscheiden.

Und mögen Segen und Frieden über Mohammed und seiner Familie und seinen Gefährten sein und über seinen Nachfolgern und jenen, die seinem Weg folgen – mögen auch sie friedlich begrüßt werden.

Der Eine, Der im Dasein und im Bezeugen ersehnt wird, ist Gott; und Er ist der Eine, Der ohne jedwede [Möglichkeit der] Verleugnung oder Verneinung erstrebt wird. Denn *Er, der allerwohltätigste Treuhänder, genügt mir.*[7]

Anmerkungen

1. Das Manuskript MP (siehe Angang E) stellt dem Eröffnungsgebet (*muqaddima*) noch Folgendes voran:

> So spricht der Größte Scheich, der Rote Schwefel, das Allerprächtigste Licht, unser Meister Muḥyīddīn Muḥammad bin ʿAlī bin Aḥmad [sic] al-Maghribī al-Andalusī, möge Gott uns mit dessen Wissen in dieser Welt und im Jenseits begünstigen durch Mohammed und seine Familie.

Am Rand von Blatt 23 des MR, dem einzigen anderen Manuskript, welches das *muqaddima* erwähnt, findet sich folgende Anmerkung:

> Dies ist die Einführung in die *Awrād* unseres Meisters, *Ḥaḍrat asch-Schaikh al-Akbar*, möge Gott sein mächtiges Geheimnis heiligen.

Die gesamte *muqaddima* ist in gereimter Form, auf *…īqih(ī)* endend, verfasst.

2. »Seines Vorangehens« bezieht sich auf das Göttliche Vorauswissen über die Schöpfung: »Gott erlässt keine Verfügung, es sei denn durch die vorangehende Verfügung des Buches, denn Sein Wissen über die Dinge ist dasselbe wie Sein Wort, mit dem Er [ihnen] Dasein verleiht. Bei Ihm wird das Wort nicht verändert, also besitzt kein Erschaffer oder Erschaffenes irgendwelche Autorität, außer Kraft dessen, was das Buch vorherbestimmt. Deshalb sagt Er: ›Ich tue meinen Dienern nicht Unrecht‹ [Koran 50:29]. Das bedeutet: ›Wir verursachen ihnen ausschließlich, was im Wissen vorangegangen ist, und Ich urteile über sie nur aus dem Vorausgehenden heraus‹« (*Futūḥāt* IV:15).

3. Gemäß MR: *rūḥan rūḥāniyyan ilā taschwīqihī,* was zum Hauptreim passt.

4. Vergleiche Koran 89:27–28 KP: »Der [oder die] du im Glauben Ruhe gefunden hast! Kehr zufrieden und wohlgelitten zu deinem Herrn zurück!«, bzw. KT: »Du, oh beruhigte Seele, kehre zurück zu deinem Herrn, befriedigt in [Seiner] Zufriedenheit«, und KK: »Oh du Seele, die du Ruhe gefunden hast, kehre zu deinem Herrn zufrieden und von Seinem Wohlgefallen begleitet zurück.«

5. Wörtlich: »die *Salsabīl* der Öffnung« (*salsabīl al-fatḥ*). Das ist eine Anspielung auf die Leute der Tugend (*abrār*) gemäß Koran 76:17–18 KP: »Sie [die Frommen] bekommen darin [das heißt im Paradies] einen Becher [Wein] zu trinken, dessen Mischwasser [mit] Ingwer [gewürzt] ist, von einer darin befindlichen Quelle, die *Salsabīl* genannt wird«. Dieselben »erhalten versiegelten edlen Wein zu trinken, dessen Siegel aus Moschus besteht« (83:25–26 KP), bzw.: »Ihnen wird von versiegeltem Nektar zu trinken gegeben, dessen Siegel Moschus ist« (KE).

6. Da die Maunskripte nicht vokalisiert sind, könnte dies sowohl *rūḥ* (Geist) als auch *rawḥ* (erfrischende Brise) heißen. Dies versuchen wir in unserer Übersetzung auszudrücken.

7. Siehe Koran 3:173 KP: »[Eben] zu ihnen sagte man: ›Die Leute haben eine Streitmacht gegen euch aufgeboten. Euch muss doch angst vor ihnen werden.‹ Aber das bestärkte sie noch in ihrem Glauben, und sie sagten: ›Wir lassen uns an Gott genügen. Welch trefflicher Sachwalter‹« bzw. KT: »Die, zu denen Menschen

sagten: ›Es haben sich Leute gegen euch geschart, fürchtet sie drum‹ – aber dies stärkte [nur] ihren Glauben, und sie sprachen: ›Unsere Genüge ist *Allāh,* und ein herrlicher Beschützer ist Er.‹«

Sonntagabendgebet[1]

Im Namen Gottes, des Allerbarmherzigsten
und Allergnädigsten:

Oh mein Gott, Du bist der Eine, Der umfasst, was von allen Sehenden ungesehen bleibt, und der Eine, Der das Innere jedes Äußeren besetzt und darüber herrscht. In Deinem Angesicht, vor dem alle Stirnen sich niederwerfen und alle *Gesichter sich senken,*[2] und in Deinem Licht, in dem *alle große Augen machen,*[3] erbitte ich von Dir, dass Du mich auf Deinem vertraulichen Wege leiten mögest und mein Gesicht Dir zudrehst und es abwendest von allem, was auch immer anders ist als Du.

Oh Du, der Du der unbegrenzte »Er« bist, während ich der begrenzte »Er« bin![4] Es gibt keinen »Er« außer »Er«.[5]

Oh mein Gott, Dir liegt es am Herzen, Feinde zu bezwingen und Tyrannen zu unterwerfen. Ich erbitte von Dir, Deine erhabene Macht[6] möge mir den Rücken stärken und mich beschützen vor allem, was mir übelwill, sodass ich dadurch *die Klauen* der Begehrlichkeit *zurückzuhalten*[7] und *den letzten verbliebenen Frevel auszumerzen*[8] vermag. Gewähre mir die Beherrschung meines Selbsts als eines Anwesens, in dem ich rein bleibe von jeglicher entstellenden Eigenschaft, und führe mich zu Dir, oh Wegweiser, denn zu Dir kehren alle Dinge zurück. *Du umfasst alles. Er hat die oberste Gewalt über Seine Diener*[9] und *Er ist der Feine, der Allkundige.*[10]

Oh mein Gott, Du bist der Bestehende, *Der über jeder Seele steht,*[11] und der Selbst-Ständige, Der in jeder Bedeutung einer jeden Wahrnehmung besteht.[12] Dir gehört [alle]

Macht, mit der Du unterwirfst, und Du besitzt [jedes] Wissen, mit dem Du vorherbestimmst. Dein sind die Kraft der Bestimmung[13] und das Vermögen des Unterwerfens, und in Deinen Händen liegen *die Schöpfung und der Befehl.*[14] Du bist in nächster Nähe eines jeden Dinges,[15] und Du bist sein Meister, und indem Du es umfasst, bist Du sein Leiter und sein Wegweiser.

Oh mein Gott, ich erbitte von Dir den ganzen Schutz Deiner bezwingenden Namen, sodass Du durch sie all meine Herzens- und Seelenkräfte stärken mögest, auf dass kein Besitzer eines Herzens mich unmittelbar zu berühren vermag, der nicht machtlos [gemacht wurde und] *eine Kehrtwendung vollzog.*[16]

Ich erbitte von Dir, oh mein Gott, eine gewandte Zunge und eine aufrichtige Rede, ein angemessenes Verstehen und einen innersten Sinn für Geschmack,[17] ein wahrhaft empfängliches Herz und einen unterscheidungskräftigen Verstand, ein strahlend helles Denken und eine unersättliche Sehnsucht, einen gesenkten Blick[18] und ein brennendes Verlangen.[19] Gewähre mir eine vollkommen fähige Hand[20] und eine Stärke, die keinen Widerstand zulässt, eine *ruhige Seele*[21] und geschmeidige Glieder, um Dir zu gehorchen. Läutere mich, auf dass ich zu Dir gelangen möge, und gewähre mir, Dir [in Ehre und Ansehen] nahegebracht zu werden.

Oh mein Gott, schenke mir ein Herz, in welchem ich Dir in äußerster Armut hingegeben sein darf, geführt von Zuneigung und getrieben von Sehnsucht,[22] dessen Wegzehrung die Ehrfurcht [vor Dir] und dessen Weggefährte die Rastlosigkeit ist, dessen Ziele [Deine] Nähe und Anerkennung sind. Im Dir Nahesein liegt die Vollendung der Strebenden[23] und die Erfüllung des Verlangens jener, die suchen.

Oh mein Gott, verleihe mir die Haltung von Gelassenheit und Würde. Bewahre mich vor Selbstüberhöhung und Arroganz. Lass mich an der Station dessen stehen, der als Dein Stellvertreter akzeptiert wird, und mögen meine Worte auf Wohlwollen stoßen.

Oh mein Herr, bringe mich Dir nahe, in die Nähe jener, die wahrhaftig [von Dir] wissen. Reinige mich von den Anhaftungen der natürlichen Veranlagung. Beseitige die Blutgerinnsel des Tadelnswerten aus meinem Herzen,[24] auf dass ich zu den vollständig Geläuterten[25] gehöre.

Möge Gottes Segen über unserem Meister Mohammed sein und über seiner ganzen Familie und all seinen Gefährten. *Und Lob sei Gott, dem Herrn der Welten.*

Anmerkungen

1. Die beiden Buchstaben dieses Gebets sind *hāʾ*, wie in *hū* (Er) und *hādī* (Führer, Wegweiser); sowie *qāf*, wie in *qāhir* (unterwerfen), *qāʾim* (daseiend), *qayyūm* (selbst-beständig), *qadr* (Macht), *qurb* (Nähe), *quds* (Heiligkeit) und *qalb* (Herz). Als Beispiel für die Bedeutung des Klangs in diesen Gebeten können wir erwähnen, dass der Buchstabe *qāf* im zweiten Teil des Sonntagabendgebets mehr als siebzig Mal vorkommt.

Im Verlauf dieses Gebets macht Ibn ʿArabī mehrfach Gebrauch von sich kontrastierenden Begriffen, und wir haben versucht, diese Kontraste in der Übersetzung zu bewahren: gesehen und ungesehen, Äußeres und Inneres, unbegrenzt und begrenzt, der Glanz Seines Angesichts und das äußerste Licht, der Eine, Der vor der Schöpfung ist, und der Eine, Der die ganze Schöpfung bewahrt, die Macht in dieser Welt und im Jenseits und so weiter.

2. Siehe Koranvers 20:111 KP: »Und die Gesichter sind vor dem Lebendigen und Beständigen gesenkt«, bzw. KT: »Alle Gesichter werden sich demütig neigen vor dem Lebendigen, dem Ewigen, Erhaltenden.«

3. Siehe Koranvers 14:42 KP: »[...] Er gewährt ihnen nur Aufschub auf einen Tag, an dem sie große Augen machen werden«, bzw. KE und KK: »[...] Er stellt sie nur zurück bis zu einem Tag, an dem die Blicke starr werden«. Mit anderen Worten: bis zum Tag des Gerichts (*yawm al-dīn*), wenn jede und jeder von Angesicht zu Angesicht vor ihren oder seinen Herrn gebracht wird. Das ist der Tag, an dem der König die Taten seiner Untertanen vergelten wird.

4. Der Buchstabe *hāʾ* steht für die »Er-heit« oder Selbstheit oder Ipseität (*huwiyya*), die Sich selbst als ungesehen bewahrt und ebenso die Schöpfung (*kawn*) erhält. Der vollkommene Mensch, der Gott vollständig spiegelt, wird daher gleichzeitig als »Er« und als »Nicht-Er« bewahrt. Siehe Anhang D.

5. Wörtlich: »neben Dem es kein ›er‹ außer ›Er‹ gibt«; ein Spiegelbild von: »es gibt keinen Gott außer Gott.«

6. Gemäß MR, MW und ML, in denen hier *min ʿizzatika* steht. MP und MI lauten an dieser Stelle: *min ʿizzati asmāʾika ʾl-qahriyyati* (»Deine erhabene Macht Deiner bezwingenden Namen«).

7. »Die Klauen zurückhalten« spielt an auf den Koranvers 4:91 KP: »Und wenn sie sich nicht von euch fernhalten und euch [nicht] ihre Bereitschaft erklären, sich [künftig] friedlich zu verhalten, und ihre Hände [nicht vom Kampf gegen euch] zurückhalten, dann greift sie und tötet sie, wo [immer] ihr sie zu fassen bekommt! [Zum Vorgehen] gegen Leute dieser Art haben Wir euch offenkundige Vollmacht gegeben«; KK: »[...] Über solche Leute haben Wir euch eine offenkundige Gewalt verliehen.«

8. Bezieht sich auf den Koranvers 6:45 KP: »Und die Leute, die frevelten, wurden ausgerottet«, bzw. KE: »So soll die Rückkehr der Leute, die Unrecht taten, abgeschnitten sein«, und KT: »So ward der restliche Zweig des Volkes der Frevler abgeschnitten« sowie KK: »So wurde der letzte Rest der Leute, die Unrecht taten, ausgemerzt.«

9. Bezieht sich auf den Koranvers 41:54 KP: »Und Er hat doch alles in Seiner Gewalt [oder: Er umfasst doch (mit Seinem Wissen) alles]«, bzw. KT: »Siehe, Er umfasst alle Dinge«, und KE: »Sicherlich, Er umfasst doch alles.«

10. Vergleiche die Koranverse 6:18 KP: »Er ist es, Der über Seine Diener Gewalt hat und Der weise und [über alles] wohl unterrichtet ist«, bzw. KT: »Er ist der Höchste über Seine Diener; und Er ist der Allweise, der Allwissende« und KE: »Er ist der Bezwinger über Seinen Dienern, und Er ist der Allweise und Allkundige«, und 6:103 KP: »Die Blicke [der Menschen] erreichen Ihn nicht, werden aber von Ihm erreicht. Und Er findet [bei jeder Schwierigkeit] Mittel und Wege und ist [über alles] wohl unterrichtet«, bzw. KT: »[...] Und Er ist der Gütige, der Allkundige«, und KE: »Die Blicke erfassen Ihn nicht, Er aber erfasst die Blicke. Und Er ist der Feinfühlige und Allkundige.«

11. Gemäß MI, MR, MW und ML, die hier lauten: *anta ʾl-qāʾimu ʿalā kulli nafs.*

12. Diese Stelle bezieht sich auf den Koranvers 13:33 KP: »Ist etwa Einer, Der über einem jeden [Menschen] steht [um ihn] für das [zu belangen], was er [in seinem Erdenleben] begangen hat, [gleich wie die angeblichen Götter, die überhaupt keine Macht ausüben]? Sie [das heißt die Heiden] haben [dem einen] Gott Teilhaber [an die Seite] gesetzt«, bzw. KT: »Wird denn Der, Der über allen wacht, was sie tun [sie nicht fragen]? Dennoch stellen sie *Allāh* Götter zur Seite«, und KE: »Ist denn Derjenige, Der über jeder Seele steht, [um ihr zu vergelten] für das, was sie verdient hat, [den Götzen gleich]? Und dennoch geben sie *Allāh* Teilhaber.« Hier spielt Ibn ʿArabī mit den beiden Formen *qāʾim* und *qayyūm* der Wurzel *q-w-m,* welche die Bedeutungen von »bestehend« oder »daseiend«, »sich erhebend« oder »aufgehend«, sowie »stehend« haben, aber auch »in Obhut haben«, »wachen über« und »bestehen auf«. Es scheint, er zeichnet eine Entsprechung zwischen der Weise, in der Gott über jeder Seele steht und sie mit Seiner unwiderstehlichen Macht zur Rechenschaft zieht, auf der einen Seite und andererseits Seinem Bestehen oder Innewohnen in jeglichem Begreifen und Seinem Wissen.

13. Gemäß MI und MR, in denen hier *fa-qaddarta* (anstelle von *fa-qadarta*) steht. Für eine Erörterung der Macht Göttlichen Handelns und der Kraft der Bestimmung siehe *Futūḥāt* IV:296, übersetzt in *SDG*, Seite 251.

14. »Die Schöpfung und der Befehl«: mit anderen Worten die Welt der Materie, innerhalb derer Seine Gewalt unwiderstehlich ist, und die Welt des Geistes, innerhalb derer Er die Macht der Bestimmung oder des Geschicks oder des Schicksals hat. Vergleiche dazu Koranvers 7:54 KP: »Euer Herr ist Gott, Der Himmel und Erde in sechs Tagen geschaffen und Sich daraufhin auf dem Thron zurechtgesetzt hat [um die Welt zu regieren]. Er lässt die Nacht über den Tag kommen, wobei sie ihn eilends [einzuholen] sucht. Und [Er hat] die Sonne, den Mond und die Sterne [geschaffen] und sie dabei durch Seinen Befehl in den Dienst [der Menschen] gestellt. Steht nicht Ihm [allein] die Erschaffung [der Welt] und der Befehl [über sie] zu? Gott, der Herr der Menschen in aller Welt, ist voller Segen«, bzw. KT: »[...] Wahrlich Sein ist die Schöpfung und das Gesetz! Segensreich ist *Allāh,* der Herr der Welten.« Wie Ibn ʿArabī in seiner Erörterung dieses Verses erklärt, »bestimmte Gott diese beiden [Schöpfung und Befehl] vor allen anderen für den Namen »Herr« (*rabb*). Die Welt der Schöpfung und der Bildung [oder Zusammensetzung] verlangt [das Dasein des] Bösen aufgrund ihres besonderen Wesens, während die Welt des Befehls das Gute ist, in welchem nichts Böses ist« (*Futūḥāt* II:575, übersetzt in *SDG,* Seite 310.)

15. Eine implizite Anspielung auf Koranvers 57:4 KP: »Er ist mit euch, wo ihr auch seid.«

16. Vergleiche die angedeutete, an die Gläubigen gerichtete Warnung in den Koranversen 3:144 KP: »Werdet ihr denn [etwa] eine Kehrtwendung vollziehen, wenn er [Mohammed] [eines friedlichen Todes] stirbt oder [im Kampf] getötet wird?«, bzw. KE: »Wenn er nun stirbt oder getötet wird, werdet ihr euch [dann] auf den Fersen umkehren?«, und 2:143 KP: »[...] um in Erfahrung zu bringen, wer dem Gesandten folgt und wer eine Kehrtwendung vollzieht [und abtrünnig wird].« Das Wort, das hier für »umkehren« (*inqalaba*) gebraucht wird, leitet sich von derselben Wurzel ab wie »Herz« (*qalb*).

17. Gemäß MI, MW und ML, in denen hier *sirran dhā'iqan* steht. Der »innerste Sinn«, wörtlich »das innerste Zentrum« (*sirr*), bezeichnet das Herz des Menschen, den tiefsten Grund der Bewusstheit, der »über« oder jenseits aller näheren Bestimmung liegt. »Geschmack« (*dhawq*) ist ein [sufischer] Fachausdruck für das direkte Erfahren von Wirklichkeit.

18. Einige Manuskripte lauten an dieser Stelle *ṭarfan muṭriqan* (»einen unermüdlichen Blick«). Das impliziert eine Anspielung auf die Koranverse 14:42–43 KP: »Und du darfst ja nicht meinen, dass Gott auf das, was die Frevler tun, nicht achtgibt. Er gewährt ihnen nur Aufschub auf einen Tag, an dem sie große Augen machen werden, den Hals gereckt, das Haupt erhoben, mit einem Blick, der [vor lauter Starren] nicht zu ihnen zurückkehrt, und mit leeren Herzen«, bzw. KT: »[...] an dem die Augen starr blicken werden.«

19. MI und MR fügen hier noch den Ausdruck »eine vollkommen unmittelbare Wahrnehmung« (*wadschdan muṭbiqan*) hinzu. Dies geschieht möglicherweise aus Gründen des Reims, denn alle Adjektive in dieser Passage beinhalten den Buchstaben *qāf.* Doch scheint die ganze Stelle aus sich reimenden Paaren zu bestehen, was diesen zusätzlichen Ausdruck unpassend machen würde.

20. Der Ausdruck »fähige Hand« (*yadan qādiratam*) stellt die Verbindung von der Hand zum Gottesnamen *al-Qādir* her, was in folgendem Textauszug erklärt wird: »Wenn die Hand des Dieners zur Hand des Wahren (*al-Ḥaqq*) wird, möge Er gepriesen sein, dann ist dies die [vollkommene] Befähigung, die mit der Schmückung [des Menschen mit dem Göttlichen Namen »der vollkommen Fähige« (*al-Qādir*)] beabsichtigt ist. ›Diejenigen, die dir huldigen, huldigen [ei-

gentlich nicht dir, sondern] Gott. Gottes Hand ist [bei ihrem Handschlag mit dir] über ihrer Hand‹ [Koran 48:10 KP]. Gott, gelobt sei Er, sagte auch: ›Und wenn Ich ihn liebe, so bin Ich sein Gehör, mit und in dem er hört, und seine Hand, mit der er greift...‹ Dieser Name braucht keine Handlung, um zu erfolgen, sondern verlangt im Bedarfsfall vielmehr einen Zustand [vollkommener] Befähigung ohne irgendwelche Behinderung« (MUḤYĪDDĪN IBN ʿARABĪ: *Kashf al-maʿnā,* Murcia 1996 [nachfolgend: *Kaschf*], 69–3).

21. Bezieht sich auf die Koranverse 89:27–28 KP: »Der [oder die] du im Glauben Ruhe gefunden hast! Kehr zufrieden und wohlgelitten zu deinem Herrn zurück!«, bzw. KT: »Du, oh beruhigte Seele, kehre zurück zu deinem Herrn, befriedigt in [Seiner] Zufriedenheit«, und KK: »Oh du Seele, die du Ruhe gefunden hast, kehre zu deinem Herrn zufrieden und von Seinem Wohlgefallen begleitet zurück.«

22. Gemäß MR, MW und ML, die hier lauten: *bifaqri'l-fuqarā'i yaqūduhu'l-schawqu wa yasūquhu'l-tawqu zāduhu'l-chawf.*

23. Vergleiche Koranvers 34:37 KP: »Und nicht euer Vermögen und eure Kinder sind es, die euch in ein nahes Verhältnis zu Uns (*ʿindanā zulfā*) bringen. [Es kommt] vielmehr [auf den Glauben und die Werke an]«, bzw. KE: »Nicht euer Besitz ist es, und auch nicht eure Kinder sind es, die euch Zutritt in Unsere Nähe verschaffen, außer jemandem, der glaubt und rechtschaffen handelt.«

24. Gemäß MI und MW, in denen hier *wa azil ʿan qalbī* steht. Dieses Bild bezieht sich auf die berühmte Geschichte über den Propheten als kleiner Junge: »Zwei weiß gekleidete Männer kamen auf mich zu mit einer goldenen Schale voll Schnee. Sie ergriffen mich, öffneten meine Brust und zogen mein Herz heraus. Dieses öffneten sie ebenso und holten daraus ein schwarzes Gerinnsel hervor und warfen es weg. Dann wuschen sie mein Herz und meine Brust mit dem Schnee. [...] Satan berührt jeden Sohn Adams am Tage, da ihn seine Mutter gebiert, außer Maria und ihren Sohn« (MARTIN LINGS: *Muhammad,* London 1983/1986, Seite 26; siehe auch ANNEMARIE SCHIMMEL: *Und Muhammad ist Sein Prophet,* Düsseldorf 1981, Seite 51.)

25. Im Koran werden Reinheit und Läuterung besonders mit dem ersten Tag, dem Sonntag, verbunden. Siehe Vers 9:108 KP: »Eine Kultstätte, die vom ersten Tag an (*min awwali yawmin*) auf der Gottesfurcht gegründet war, verdient dies eher [dass du dich in ihr zum Gebet aufstellst]. In ihr sind Männer, die es lieben, sich zu reinigen. Und Gott liebt diejenigen, die sich reinigen (*al-muṭahharūn*)«, bzw. KT: »Eine Moschee, die auf Frömmigkeit gegründet ward vom allerersten Tag an, ist wahrlich würdiger, dass du darin stehen solltest. In ihr sind Leute, die sich gerne reinigen, und *Allāh* liebt die Sich-Reinigenden.«

Sonntagmorgengebet[1]

Im Namen Gottes, des Allerbarmherzigsten
und Allergnädigsten:

Im Namen Gottes,[2] des Öffners des Daseins!

Gelobt sei Gott,[3] der Kundgeber von allem Daseienden!

Es gibt keinen Gott außer Gott, der absoluten Einheit jenseits jeglicher Enthüllung oder Betrachtung!

Gott ist größer; von Ihm geht der Befehl aus und zu Ihm kehrt er zurück!

Ehre sei Gott; keinen anderen als Ihn gibt es zu bedenken! Bei Ihm gibt es keinen zu verehren außer Ihm!

Eins und einzig *ist Er, wie Er [immer] war*[4] vor den Buchstaben der Beschränkung![5]

In jeder Sache hat Er ein Zeichen, das hindeutet auf den Sachverhalt, dass Er ein einziges Dasein ist.[6]

Sein Geheimnis ist, dass Er Sich selbst verhüllt vor der Wahrnehmung [durch jedwedes Andere] und vor der Begrenzung[7] [jeglicher Art].

Es gibt keine Macht oder Kraft außer durch Gott, den Allerhöchsten, den Allerherrlichsten,[8] ein Vermögen, mit dem Er uns besonders begünstigt hat, aus den Vermögen des Ungesehenen in all Dessen Großzügigkeit. Möge ich dadurch alles Gute herabrufen, alles Böse und Schädliche verwerfen und alles auftrennen, was vermengt und verschlossen ist![9]

Wahrlich, wir gehören Gott, und zu Ihm kehren wir zurück[10] in allem Herabgestiegenen oder Herabsteigenden, in jedem Zustand und jeder Station, in jedem Gedanken und jeder Eingebung und in allem, was aus dem Inneren aufsteigt oder was empfangen wird aus dem Äußeren.

Gott ist der Eine, Der [in] jeder Sache gewünscht wird, und in jedem Ding ist Er der Eine, Der erhofft und gemeint ist!

Eingebung und Verständnis kommen von Ihm, und das, was entdeckt wird, ist Er ohne jedwede [Möglichkeit der] Verleugnung oder Verneinung.

Wenn Er enthüllt, ist nichts [mehr] anders. Wenn Er verhüllt, ist alles anders und jedes verschleiert, entrückt.[11]

[Er ist] in Einzigkeit innerlich und in Einsheit äußerlich. Aus Ihm und durch Ihn ist das Dasein von allem, sodass kein Ding da ist. Wenn ein Ding da ist, so ist es in Wirklichkeit bar und bloß von Dasein.

Denn Er ist der Erste und der Letzte, der äußerlich Offenbare und der innerlich Verborgene, und Er ist der Wissende und das Gewusste von jeder Sache,[12] vor deren Dasein und nach deren Dasein.

Sein sind das allumfassende Begreifen, die vereinigende Wirklichkeit und das ewiglich bestehende Mysterium, die immerwährende Herrschaft und die rechtmäßige Autorität! Er verdient alle Lobpreisung und Verherrlichung, und Er ist *so, dass Er Sich selbst preist,*[13] denn Er ist sowohl der Lobende als auch der Gelobte.[14]

[Er ist] Einzigkeit von Essenz, Einer in [allen] Namen und Eigenschaften! [Hat] Kenntnis von allem Allgemeinen und Besonderen! Umfasst alles, was darüber, und alles, was darunter ist![15] Vor Ihm *verneigen sich die Gesichter* aus allen Richtungen!

Oh Gott, oh Du, der allumspannende Umfasser, Den nichts hindern kann, Gaben auszugießen! Oh Du, Dessen Schätze nie versiegen und Dessen Freigiebigkeit und Bewahrung der ganzen Schöpfung unaufhörlich anhält!

Oh Gott, öffne mir die Schlösser dieser Schätze, enthülle mir die Wirklichkeiten dieser Zeichen. Sei der Eine, Der mir und meinem Angesicht Sein Antlitz zuwendet.[16] Verhülle mich vor der Schau meiner selbst durch das Schauen von Dir! Verwische alle meine Eigenschaften in der Kundgebung Deiner Selbstoffenbarung, sodass ich mich auf nichts anderes ausrichte und meine Augen auf keinen anderen fallen als Dich.

Oh Gott, schaue auf mich mit dem Auge des Mitgefühls und der Anteilnahme, des Schutzes und des Bewahrens, der Erwählung und der Führung in jeder Einzelheit, sodass mich nichts von meiner Schau Deiner verhüllt und ich auf Dich schauen möge durch das, was Du mir gewährt hast von Deiner Achtung vor allem. Gleiche mich gänzlich Deiner Selbstoffenbarung an, Deiner Wahl und Lenkung vollkommen entsprechend. Lege von Deiner Achtung in Deine Schöpfung und richte auf sie das Ausströmen Deiner Gaben und Deiner Gunst.[17]

Oh Du, Dem unbeschränkter, bedürfnisloser Reichtum gehört, während Seine Diener [nur] fraglose Armut besitzen![18]

Oh Du, Der reich ist jenseits von jeglichem Bedürfnis, während das Bedürfnis von jeglichem in Ihm besteht!

Oh Du, in Dessen Händen das Schicksal von allem liegt und zu Dem alles zurückkehrt!

Oh Du, Der absolutes Sein besitzt, sodass, was Er ist, keiner weiß außer Ihm, und über Den keiner in Kenntnis gesetzt werden kann, außer durch Seine Unterweisung!

Oh Du, Der befiehlt, dass gerechte Taten dem Diener vorbehalten bleiben, auf dass ihm all deren Lohn zufällt! Ich habe kein anderes Ziel als Dich, und nichts genügt mir außer Deiner Großzügigkeit und Deiner Güte.

Oh Du, Der höchst großzügig gewährt weit über jedes Verlangen hinaus! Oh Du, Der Gefallen erweist [noch] vor jeglichem Ersuchen! Oh Du, vor Dem die Schritte eines jeden Suchenden [immer] haltmachen! Oh Du, Dessen Befehl allmächtig ist und alltriumphierend! Oh Du, Der alles freigiebig beschenkt, doch auch nehmen kann, wenn Er es will! Ich strebe zu Dir mit der Bitte, dass ich mich in jedem Zustand als Dein Diener erweisen möge. Führe mich, mein Meister – wahrlich: Das ist Dein Vorrecht, nicht das meinige.

Wie soll ich nach Dir trachten, wenn Du hinter jedem Trachten stehst? Wie kann ich Dich suchen, wenn Suchen [selbst] bedeutet, entfernt zu sein? Kann der Eine, Der immer nahe, immer gegenwärtig ist, gesucht werden? Kann der Eine, nach Dem zu streben, bedeutet, verloren und verwirrt zu sein, erstrebt werden? Das Suchen bringt [uns] Dir nicht näher; das Streben bringt uns nicht zu Dir zurück.

Die Enthüllungen Deines Hervorbringens lassen sich nicht erfassen oder begreifen, die Rätsel Deiner Mysterien nicht entwirren oder auflösen. Ist der, dem Dasein verliehen wurde, in der Lage, das wahre Wesen des Einen zu erkennen, Der ihm Dasein gewährte? Ist der, der Diener wurde, im Stande, zur Wirklicht Dessen zu gelangen, Der ihm die Dienerschaft auferlegte?

Suchen und Trachten, Nähe und Ferne, dies [alles] sind Eigenschaften des Dieners: Was also kann der Diener durch seine Eigenschaften erreichen hinsichtlich des Einen, Der in Seiner Essenz unvergleichlich ist und transzendent? Der [wahre] Rang eines jeden Geschöpfs ist [vollkommene] Unfähigkeit und das Stehen in wahrer Demut vor dem Tor der höchsten Ehre, ohne jedes Vermögen, diesen Schatz zu begreifen.

Wie kann ich Dich erkennen, wenn Du der Unbekannte bist, der innerlich Verborgene?

Wie kann ich Dich nicht erkennen, wenn Du der äußerlich Offenbare bist, Der Sich mir zu erkennen gibt in jedem Ding?

Wie kann ich Deine Einheit begreifen, wenn ich in der Einzigkeit kein Dasein habe?

Wie kann ich Deine Einheit nicht begreifen, wenn der Dienerschaft wahres Geheimnis das Einssein ist?

Ehre sei Dir! Es gibt keinen Gott außer Dir! Keiner außer Dir vermag, Deine Einheit zu erkennen, denn Du bist, wie Du bist,[19] in der Vor-Ewigkeit ohne Beginn und in der Nach-Ewigkeit ohne Ende. In Wirklichkeit kann kein anderer als Du Deine Wirklichkeit erkennen und, mit einem Wort, keiner kennt Dich außer Dir.

Du verbirgst Dich und offenbarst Dich – aber Du verbirgst Dich nicht vor Dir selbst, noch offenbarst Du Dich vor etwas anderem als Dir selbst, denn Du bist Du. Es gibt keinen Gott außer Dir. Du bist, wie ich bezeuge und wie mir [zu verstehen] aufgetragen ist.[20] Wie ist dieses Paradox zu lösen, wenn der Erste der Letzte ist und der Letzte der Erste? Oh Du, Der die Ordnung zweideutig macht und das Geheimnis verbirgt und Der [anderes] in Verwirrung taucht, wenn es doch [in Wirklichkeit] nichts anderes gibt als Ihn![21]

Ich erbitte von Dir, oh Gott, dass Du mir das Mysterium der Einheit enthüllst, dass ich wahre Dienerschaft beweisen und dass ich den Dienst an Deiner Herrschaft so gänzlich ausführen möge, wie es sich für ihre höchste Vollkommenheit gebührt. Denn ich, vorübergehend und nicht daseiend, bin nur durch Dich im Dasein, während Du daseiend bist, bleibend, lebendig, selbst-beständig, uralt an Tagen und ewig, Erkennendes und Erkanntes. Oh Du, von Dem keiner außer Ihm weiß, was Er wahrhaft ist!

Ich erbitte von Dir, oh Gott, dass ich flüchten darf von mir zu Dir und dass mein vollständig Ganzes eingeschlossen werden möge in Dich, sodass mein Dasein mein Bezeugen nicht länger verschleiert. Oh Du, der Du mein Ziel[22] bist und mein Trachten, oh Du, Den ich anbete und liebe! Nichts ist mir verloren, wenn ich Dich gefunden habe! Nichts ist mir unerkannt, wenn ich Dich erkannt habe! Nichts ist mir entgangen, wenn ich Dich erlebt habe! Mein

Auslöschen geschieht in Dir; mein Bestehen kommt durch Dich; und Du bist das Objekt meiner Betrachtung. Es gibt keinen Gott außer Dir, so wie von Dir bezeugt, wie von Dir erkannt und wie von Dir befohlen.[23]

Mein Bezeugen ist mein wahres Dasein, und in meiner Auslöschung und meinem Bestehen habe ich nichts anderes bezeugt als mich. Das, was gemeint ist, bin ich; das Urteil lautet für wie gegen mich; das Zugeschriebene wird mir zugeschrieben; die Verwandtschaft [von Dir und mir] ist meine Verwandtschaft; all dies beschreibt meinen Rang und meine Würde.[24] Die [ganze] Angelegenheit ist [in Wahrheit] meine Angelegenheit,[25] im Kundgegebenen wie im Nichtkundgegebenen, und durchzieht das gehütete Geheimnis: ungesehen durchdringende Selbstheit und sehend machende Orte der Hervorbringung, Sein und Nichtsein, Licht und Dunkelheit, Stift und Tafel, Hören und Nichthören, Wissen und Nichtwissen, Friede und Krieg, Stille und Rede, Trennen und Zusammenfügen,[26] essenzielle Wahrheit und unmittelbare Wahrheit,[27] ewige Verborgenheit und immerwährende Beständigkeit.

Sprich: Er ist Gott, der Einzige, Gott, die umfassende Hilfe und Zuflucht, Er zeugt nicht, noch ist Er gezeugt, und es gibt keinen Einzigen wie Ihn.[28]

Möge der Segen Gottes über demjenigen sein, der als Erster in die Existenz kommt und der Erste ist im Dasein;[29] demjenigen, der jedem Zeugen [Einlass] gewährt zu den beiden Auftritten des Bezeugenden und des Bezeugten;[30] demjenigen, der das verborgene Geheimnis ist und das offenbare Licht, das wirkliche Ziel und der wahre Zweck, der mit der höchsten Station Auserwählte,[31] der unter den Bevorzugten und den Fernen die beiden Handvoll der Hervorstechendsten im Bereich der Schöpfung unterscheidet;[32] dem heiligsten und hehrsten Charakter und dem hellsten und prächtigsten Licht, der [den Zustand] der vollkommenen Anbetung in der Gegenwart des

Angebeteten verwirklicht hat; dessem Geist das Überfließen aus der Präsenz Seines heiligsten Geistes gewährt wurde; dessen Herz eine Nische ist, erleuchtet von den Strahlen Seines [Göttlichen] Lichts[33] – denn er ist der größte Gesandte, der geadelte Prophet [Mohammed] und der nahegebrachte und gesegnete Freund.[34]

Und möge der Segen [auch] über seiner Familie und seinen Gefährten sein, den Verwahrungsorten seiner Geheimnisse, wo seine Lichter erstrahlen und seine Vollmonde aufgehen; den Schätzen von Wahrheiten und den Führern der Geschöpfe; den [hellen] Leitsternen für alle, die [dem Weg] folgen wollen. Und möge Er sie alle mit großem Frieden begrüßen am Tag des Gerichts.[35]

Gepriesen sei Gott, denn ich gehöre nicht zu den Beigesellern.[36] *Gott genügt uns und ist ein trefflichster Hüter.*[37] *Gott spricht die Wahrheit und führt auf dem Weg.*[38] *Es gibt keine Macht oder Kraft außer durch Gott, den Allerhöchsten, den Allerherrlichsten!*

Und Lob sei Gott, dem Herrn der Welten.

Anmerkungen

1. Auf Arabisch heißt »Sonntag« *yawm al-aḥad.* Das wird gewöhnlich in der Bedeutung von »der erste Tag« der Woche verstanden, es kann aber ebenso gut als »der Tag des Einen« übersetzt werden mit Bezug auf den Göttlichen Namen *al-Aḥad* (der Eine oder der Einzige). Ibn ʿArabī weist auf diese zweite Bedeutung hin, beispielsweise in der folgenden Passage: »Einige Gnostiker fasten sonntags insbesondere, weil es der Tag des Einzigen ist, denn ›der Einzige‹ ist eine Eigenschaft, welche die Unvergleichbarkeit des Wirklichen erklärt« (*Futūḥāt* II:647, übersetzt in *SDG,* Seite 315). Die in diesem Gebet erkennbare Betonung von *aḥad* und verwandten Bezeichnungen, wie *wāḥid* (Einziger), *aḥadiyya* (Einzigkeit) und *tawḥīd* (Einssein), stimmt mit dieser Lesart gänzlich überein; dasselbe gilt für die Verbindung zwischen dem Sonntag und dem Propheten Idrīs (dessen Botschaft gemäß Ibn ʿArabī hauptsächlich die Bedeutung von *tawḥīd* zum Inhalt hatte).

2. Die Worte »Im Namen Gottes« eröffnen den Koran und jede der einzelnen Suren mit Ausnahme der neunten (*al-Tawab,* »die Buße«).

3. Mit »Gelobt sei Gott« beginnt der erste Vers der ersten Sure, der *Fātiḥa.* Da Gott der Ursprung des Daseins ist, ist das Grundprinzip einer jeden existierenden Sache Seine Lobpreisung.

4. Eine Anspielung auf den Hadith: »Gott ist (*kāna*), und bei Ihm ist kein Ding«, häufiger übersetzt oder verstanden als: »Gott war…«. Darauf folgen die Worte, auf die hier verwiesen wird: »Er ist jetzt, wie Er [immer] war« (*huwa'l-ān ʿalā mā ʿalayhi kāna*), was wiederum mit »Er ist jetzt, wie Er ist« übersetzt werden könnte. In seiner Erörterung dieses Hadith führt Ibn ʿArabī aus: »Er wird nicht von Dinglichem begleitet, noch schreiben wir Ihm solches zu. Wisse, dass das Wort *kāna* im Allgemeinen auf eine zeitliche Beschränkung hinweist [daher die Übersetzung »war«], jedoch nicht in diesem Fall. Gemeint ist hier die sichtbare Existenz [das sichtbare All] (*kawn*) im Sinne des Daseins (*wudschūd*), und so wirkt *kāna* hier nicht als ein Verb, das Zeitlichkeit verlangt, sondern als Zeichen, das auf Dasein hinweist (*ḥarf wudschūdī*)« (*Futūḥāt* II:56). Siehe auch *Futūḥāt* I:41 und II:592 für weitere Erörterungen dieses Ausspruchs.

5. Gemäß MI, MW und ML, in denen hier steht: *ḥurūf al-ḥudūd*. In ML steht: *ḥudūth al-ḥudūd* (Ankunft der Grenzen).

6. »In jeder Sache hat Er ein Zeichen, das hindeutet auf den Sachverhalt, dass Er einzig ist« ist ein Vers des arabischen Dichters Abū al-ʿAtāhiya (748–825), der in Ibn ʿArabīs Schriften häufig zitiert wird (siehe *Futūḥāt* II:491). Ein »Zeichen« (*āya*) hat auch die Bedeutung eines »Verses« des Korans. »Das Dasein ist zur Gänze Buchstaben, Wörter, Suren und Verse, und es ist der makrokosmische Koran« (*Futūḥāt* IV:167).

7. Wörtlich »vor der Erschöpfung« oder »Ausschöpfung« (*nufūd*, in Bezug auf den von den Worten des Herrn ausgeschöpften Ozean, siehe *Futūḥāt* I:29).

8. Gemäß dem Hadith ist dieser Ausspruch »einer der Schätze [oder eines der Vermögen] des Throns«, und es wird auch gesagt, er sei die Eigenschaft Adams gewesen. Vergleiche *Futūḥāt* II:436 (übersetzt in HIRTENSTEIN: *Der grenzenlos Barmherzige*, Seiten 217–218) bezüglich der Vision, die Ibn ʿArabī vom Thron hatte: Dort wurde dieser Ausspruch vom »Schatz unterhalb des Throns« getätigt, welcher Adam ist.

9. Anspielung auf den Koranvers 21:30 KP: »Haben denn diejenigen, die ungläubig sind, nicht gesehen, dass Himmel und Erde eine zusammenhängende Masse waren, worauf Wir sie getrennt [oder: gespalten] und alles, was lebendig ist, aus Wasser gemacht haben?«, bzw. KT: »[…] dass die Himmel und die Erde in einem einzigen Stück waren […].«

10. Koran 2:156 KT: »Wahrlich, *Allāhs* sind wir und zu Ihm kehren wir heim.«

11. Kann auch übersetzt werden als: »ist alles verschleiert und bewundert.« In MR und MI steht hier *mabʿūd* (fern) statt *maʿbūd* (bewundert).

12. Als der in Bagdad geborene Sufi Abū Saʿīd al-Kharrāz (gestorben zwischen 890 und 899) gefragt wurde, wie er Gott kennengelernt habe, antwortete er: »Indem Er die Gegensätze vereinigte«, und zitierte dann diesen Koranvers 57:3 KP: »Er ist der Erste und der Letzte, [deutlich] erkennbar [wörtlich: sichtbar] und [zugleich] verborgen. Er weiß über alles Bescheid.« In den *Futūḥāt* III:300 weist Ibn ʿArabī darauf hin, dass Gott hier als *ʿalīm* beschrieben wird, was normalerweise mit »Allwissen« übersetzt wird, was für ihn jedoch sowohl auf den »Wissenden« (*ʿalīm*) hinweist als auch auf das »Gewusste« (*maʿlūm*). Also versteht er diesen letzten Satz des Verses so, dass Gott der Wissende wie auch das Gewusste von allem ist. Dieses Verständnis wendet er auf alle [Göttlichen] Namen dieser Form an (zum Beispiel auf *al-Ḥamīd*, »der Gepriesene« / »der Preisende«), die als aktiv oder als passiv verstanden werden können.

13. Bezug auf den Hadith: »Ich kann nicht alle Deine Lobpreisungen aufzählen; Du bist so, dass Du Dich selbst preist« (*Concordance,* Band I, Seite 304). Das Wort »[lob]preisen« (*athnā*) stammt von einer Wurzel, die »verdoppeln« bedeutet. Lobpreis kann also verstanden werden als »verdoppelt werden«, da Er sowohl der Lobpreisende als auch der Lobgepriesene ist.

14. Bis zu diesem Punkt reimt sich dieser ganze Absatz auf *...ūd,* und dieser Reim wird zum Schluss des Gebets, in der Lobpreisung Mohammeds, wiederholt.

15. Dies bezieht sich auf den Koranvers 20:110 KP: »Gott weiß, was vor und was hinter ihnen liegt. Sie aber wissen nichts davon«, bzw. KK: »[...] Sie aber umfassen es nicht in ihrem Wissen«, und KH: »[...] und nicht umfassen sie Ihn mit Wissen.« Diese Zeile deutet den Prozess des »Herabsteigens« von der Essenz zur Manifestation an, der sowohl die vertikale Dimension (darüber und darunter) als auch die horizontale (davor und dahinter) umfasst.

16. Eine Anspielung auf den Koranvers 2:115 KP: »Wohin ihr euch [beim Gebet?] wenden möget, da habt ihr Gottes Antlitz vor euch«, bzw. KK: »Wohin ihr euch auch wenden möget, dort ist das Antlitz Gottes.«

17. Dieser Ausdruck widerspiegelt fast jenen, der sich in Ibn ʿArabīs Werk *Maschāhid al-asrār al-qudsiyya* (»Kontemplationen der heiligen Mysterien«, arabischer Text Seite 60) findet: *mawḍiʿ naẓarī min chalqī.* Siehe dazu das Kapitel über Adam in den *Fuṣūṣ,* wo Ibn ʿArabī eine ähnliche Beschreibung des vollkommenen Menschen (*insān kāmil*) gibt: »Was sein Menschsein angeht, so besteht dieses in der Universalität seiner Zusammensetzung und im In-sich-Bergen sämtlicher Wirklichkeiten. Er ist für Gott, was die Pupille für das Auge ist, [ein Loch oder ein lenkender Kanal], durch den der Akt des Sehens erfolgt. Durch ihn betrachtet Gott Seine Schöpfung und gewährt ihr Seine barmherzige Gnade« (arabischer Text, Seite 50; *Fuṣūṣ,* Seiten 110–112; *Bezels,* Seite 51; *Weisheit,* Seite 29).

18. Siehe Koranvers 35:15 KP: »Ihr Menschen! Ihr seid es, die arm und auf Gott angewiesen sind. Gott aber ist es, Der reich [oder: auf niemand angewiesen] und des Lobes würdig ist«, bzw. KK: »Oh ihr Menschen, ihr seid es, die bedürftig sind. Und Gott ist Der, Der auf niemanden angewiesen und des Lobes würdig ist«, und KH: »Oh ihr Menschen, ihr seid die Armen zu *Allāh,* und *Allāh* ist der Reiche, der Rühmenswerte«, und KT: »Oh ihr Menschen, ihr seid *Allāhs* bedürftig, *Allāh* aber ist der Sich selbst Genügende, der Preiswürdige.«

19. Anspielung auf die Worte: »Er ist, wie Er ist.«

20. Vergleiche Koranvers 11:112 KP: »Halte nun geraden Kurs, wie dir befohlen worden ist...«

21. Vergleiche das Kapitel über Idrīs in den *Fuṣūṣ,* wo Ibn ʿArabī in seinem Kommentar zum Koranvers 57:3 KP: »Er ist der Erste und der Letzte, [deutlich] erkennbar [wörtlich: sichtbar] und [zugleich] verborgen« schreibt: »Er ist dasselbe, wie das, was sich manifestiert, und dasselbe, wie das, was verborgen ist, wenn Er Sich manifestiert. Niemand kann Ihn sehen außer Ihm, und vor niemandem [außer Ihm] ist Er verborgen! Er ist Sich selbst das Manifestierte und Sich selbst das Verborgene!« (arabischer Text, Seite 77; *Fuṣūṣ,* Seiten 339–340; *Bezels,* Seiten 85–86; *Weisheit,* Seite 57).

22. Gemäß MR, MI, MW und ML, in denen der Zusatz *yā maqṣūdī* steht.

23. Dies bezieht sich zuallererst auf die wörtliche Bezeugung (*schahāda*), dass »es keinen Gott außer Gott gibt.« Es weist aber auch auf die Tatsache hin, dass Er dies in Seinem Wissen seit aller Ewigkeit begründet hat und dass Er der Mensch-

heit befohlen hat, an die Bedeutung dieser Bezeugung zu glauben und sie zu begreifen, wie etwa in: »Ich habe die Dschinn und Menschen nur dazu geschaffen, dass sie Mir dienen« (Koran 51:56 KP).

24. Hier ist die erste Person doppelsinnig: In der Gegenwart der Einheit wird die Dualität von Ich und Du ausgelöscht, sodass sich dies auch auf das Göttliche Ich beziehen kann.

25. Anspielung auf den Koranvers 55:29 »Jeden Tag ist Er am Werk«, bzw. KE: »Jeden Tag befasst Er Sich mit einer Angelegenheit.«

26. »Trennen und zusammenfügen« könnte auch als »auftrennen und zusammennähen« übersetzt werden.

27. Als einer seiner Gefährten erklärte, er sei ein wahrhaft Gläubiger, entgegnete der Prophet: »Zu jeder unmittelbaren Wahrheit gehört eine essenzielle Wahrheit« (*likulli ḥaqq ḥaqīqa*).

28. Die Koransure *al-Ichlāṣ* (»die Reinheit«) 112:1–4 KK: »Sprich: Er ist Gott, ein Einziger, Gott, der Undurchdringliche. Er hat nicht gezeugt, und Er ist nicht gezeugt worden, und niemand ist Ihm ebenbürtig«, bzw. KP: »Sag: Er ist Gott, ein Einziger, Gott, durch und durch [Er selbst?] [wörtlich: der Kompakte; oder: der Nothelfer; wörtlich: Der, an Den man sich (mit seinen Nöten und Sorgen) wendet; genauer: Den man angeht]. Er hat weder gezeugt, noch ist Er gezeugt worden. Und keiner ist Ihm ebenbürtig.«

29. Diese und die nachfolgenden Beschreibungen beziehen sich offensichtlich alle auf den Propheten Mohammed. Für Ibn ʿArabī ist er sowohl derjenige, dem im Sinne eines Potenzials als Erster das Dasein verliehen wurde, also quasi der ursprüngliche Mensch, als auch der rangmäßig Erste im eigentlichen Dasein, die vollständige Vervollkommnung des Menschen. Der erste Aspekt wird zusammengefasst in dem Hadith: »Ich war ein Prophet, als Adam [noch] zwischen Wasser und Ton war«, der zweite Aspekt entspricht der Aussage: »Ich werde der Meister der Menschheit sein am Tag des Gerichts, ohne mich dessen zu rühmen« (siehe *Futūḥāt* III:141).

30. Vergleiche Koranverse 85:1–3 KK: »Bei dem Himmel mit den Sternzeichen und [bei] dem angedrohten Tag und dem Zeugen und dem, was bezeugt ist!«, bzw. KP: »Beim Himmel mit seinen Türmen [d.h. den Tierkreiszeichen], beim Tag [des Gerichts], der [den Menschen] angedroht ist, und [bei] einem, der [dann] Zeugnis ablegt, und [bei] etwas, was bezeugt wird!«

31. Diese Beschreibung weist in den verschiedenen Kopien viele Varianten auf. Sie scheint auf die höchste Stellung Mohammeds anzuspielen, auf die sogenannte »löbliche Station« (*maqām maḥmūd*). Siehe MICHEL CHODKIEWICZ: "The Banner of Praise", in *Praise,* Seiten 48ff.

32. Zur Unterscheidung der beiden Handvoll (von jenen, die im Griff oder in der Gewalt Gottes sind), basierend auf Koranvers 39:67 KP: »Am Tag der Auferstehung wird Er die ganze Erde in Seiner Hand halten«, bzw. KH: »Die ganze Erde wird Ihm nur eine Handvoll sein am Tag der Auferstehung«, beschreibt Ibn ʿArabī diese als »die zwei Welten: die Welt der Glückseligkeit (*saʿāda*) und die Welt der Erbärmlichkeit oder des Unglücks (*shaqāʾ*)« (*Futūḥāt* III:75). Siehe dazu Kapitel 320 der *Futūḥāt,* wo er die beiden Handvoll eingehender beschreibt (ebenso *Futūḥāt* III:446).

33. Eine Anspielung auf den berühmten Lichtvers aus dem Koran 24:35 KK: »Gott ist das Licht der Himmel und der Erde. Sein Licht ist einer Nische ver-

gleichbar, in der eine Lampe ist. Die Lampe ist in einem Glas. Das Glas ist, als wäre es ein funkelnder Stern. Es wird angezündet von einem gesegneten Baum, einem Ölbaum, weder östlich noch westlich, dessen Öl fast schon leuchtet, auch ohne dass das Feuer es berührt hätte. Licht über Licht. Gott führt zu Seinem Licht, wen Er will, und Gott führt den Menschen die Gleichnisse an. Und Gott weiß über alle Dinge Bescheid.«

34. Gemäß mP (Randbemerkung), mI, mR und mW, in denen es heißt: *al-rasūl al-aʿẓam waʾl-nabī al-mukarram waʾl-walī al-muqarrab al-masʿūd.*

35. Gemäß mI, mW und mL, in denen hier steht: *ilā yawmiʾl-dīn.* Vergleiche Koranverse 82:17–19 kP: »Aber wie kannst du wissen, was der Tag des Gerichts ist? Noch einmal: Wie kannst du wissen, was der Tag des Gerichts ist? Am Tag, da niemand [mehr] etwas für einen anderen [auszurichten] vermag [ist es so weit]! Die Entscheidung steht an jenem Tag [einzig und allein] Gott zu«, bzw. kK: »[...] Und die Angelegenheit steht an jenem Tag bei Gott [allein]«, und kH: »[...] An jenem Tage wird eine Seele für die andere nichts vermögen, und der Befehl ist an jenem Tage *Allāhs.*«

36. Siehe Koranvers 12:108 kP: »[...] Ich bin keiner von den Heiden [wörtlich: von denen, die (dem einen Gott andere Götter) beigesellen]«, bzw. kK: »Und ich gehöre nicht zu den Polytheisten«, und kE: »Und ich gehöre nicht zu den Götzendienern.«

37. Siehe Koranvers 3:173 kP: »[...]›Wir lassen uns an Gott genügen. Welch trefflicher Sachwalter!‹«, bzw. kK: »›Gott genügt uns. Welch vorzüglicher Sachwalter!‹«, und kH: »›Unser Genüge ist *Allāh,* und trefflich ist der Beschützer!‹«

38. Gemäß mR, das diesen reimenden Ausdruck hinzufügt: *wa Allāhu yaqūluʾl-ḥaqq wa huwa yahdīʾl-sabīl.*

Montagabendgebet[1]

Im Namen Gottes, des Allerbarmherzigsten und Allergnädigsten:

Oh mein Gott, Dein Wissen umschließt alles, was gewusst werden kann. Dein Gewahrsein umfasst die innere [Bedeutung] von jeglichem, was verstanden werden kann. Du bist geheiligt in Deiner Erhabenheit über alles Tadelnswerte. Alles geistige Streben und alle Worte steigen auf zu Dir.[2]

Dein Rang ist der des Höchsterhabenen, sodass das äußerste Nahekommen in unserem Hinaufsteigen zu Dir im Herablassen [Deiner] liegt. Deine Erhabenheit ist die des Allerprächtigsten, sodass die edelste unserer Eigenschaften im Hinblick auf Dich in [unserer] Selbsterniedrigung besteht.

Du hast Dich im Inneren und im Äußeren von allem manifestiert. Du bist beständig vor jedem Anfang und nach jedem Ende. Ruhm sei Dir! Es gibt keinen Gott außer Dir – vor Deiner Herrlichkeit werfen sich nieder die Stirnen und über das Erinnern Deiner entzücken sich die Lippen.

Bei Deinem Namen »der Herrliche«, zu dem alle erhoben werden, die versuchen [zu Dir] vorzudringen, und von dem alle großartig empfangen werden, die sich danach sehnen, zu [Dir] zu gelangen, erbitte ich von Dir, mir ein Herz[3] zu verleihen, darin das höchste Streben mich antreibt und durch welches die hochmütigen Seelen zu mir geführt werden.

Ich erbitte von Dir, oh mein Herr, Du mögest aus Deinem Herablassen eine Leiter machen, über die ich zu Dir aufsteigen, und aus meiner Demut und Erniedrigung den Weg, über den ich zu Dir hinaufgelangen kann.[4] Hülle mich in die schützende Decke Deines Lichts, durch das Du mir alles Verhüllte entschleierst und durch das Du mich vor allen Neidern und Betrügern verbirgst. Schenke mir einen Charakter, durch den ich alles Erschaffene umarme und durch den ich alles Wirkliche anerkenne und allem Richtigen genüge, so wie *Du alle Dinge in Deiner Barmherzigkeit und Deinem Wissen umschließt.*[5]

Es gibt keinen Gott außer Dir. Oh Lebendiger, oh Selbst-Beständiger![6]

Lehre mich, oh mein Herr, mit dem feinen Wohlwollen Deiner Großzügigkeit, so wie einer gelehrt werden sollte, der sich seines vollständigen Bedürfnisses Deiner bewusst ist und der nie behauptet, von Dir unabhängig zu sein. Wache über mich mit dem Auge Deiner Vorsehung und beschütze mich vor allen Schlägen, die mich treffen könnten, vor jedwedem, das mich bedrücken, und vor allem, was mich in jedem Augenblick oder jeder Wahrnehmung belästigen mag und eine der Linien zu ziehen vermöchte auf der Tafel meines Eigenwillens.[7] Gewähre mir die Ruhe des Vertrautseins mit Dir und erhebe mich zur Station des Dir Naheseins. Erquicke meinen Geist mit dem Gedenken Deiner und ziehe mich weiter zu Dir, mal durch meine hoffnungsvolle Sehnsucht, mal durch meine respektvolle Furcht.[8]

Lege mir den Mantel der Zufriedenheit wieder um und führe mich zu den Quellen des Willkommens. Gewähre mir von Deiner Barmherzigkeit und bringe mein Durcheinander wieder in Ordnung; vervollkommne mich, wo es mir mangelt, berichtige mich, wo ich abweiche, zügle mich, wenn ich fehlgehe, und führe mich, wenn ich verwirrt bin.

Du bist in der Tat *der Herr aller Dinge*[9] und ihr Lehrmeister. Du bist gnädig den Essenzen [aller Wesen] und erhöhst die Rangstufen.[10] Deine Nähe ist die süß duftende Freude der [Lebens]geister,[11] der Inbegriff wahren Gedeihens und der Friede all jener, die erlöst sind.[12]

Mögest Du gesegnet sein, Herr der Herren! Befreier der Sklaven! Linderer der Leiden![13] *Du umschließt alle Dinge in Deiner Barmherzigkeit und Deinem Wissen.*[14] Du verzeihst Vergehen mit liebender Zärtlichkeit und Milde. Du bist der Vergebende, der Gnädige, der Nachsichtige, der Allwissende,[15] der Hohe, der Großartige.[16]

Und möge der Segen Gottes über unserem Meister Mohammed sein und über seiner ganzen Familie und all seinen Gefährten. Und über allen Propheten und Botschaftern. *Und Lob sei Gott, dem Herrn der Welten.*[17]

Anmerkungen

1. Die beiden Buchstaben dieses Gebets sind *wāw,* so wie in *wāsiʿ* (umarmen), *sumū* (Würde, hoher Rang) und *ʿulū* (Erhobenheit); und *rāʾ,* so wie in *rabb* (Herr), *raqīb* (wachen über), *razzāq* (ernähren), *raḥma* (barmherzig), *rāḥa* (Friede, Gemütsruhe) und *rūḥ* (Geist).

2. Vergleiche Koranvers 35:10 KP: »Zu Ihm steigt das gute Wort auf, und die rechtschaffene Tat hebt Er [zu Sich] empor, [um sie zu belohnen]«, bzw. KT: »Zu Ihm steigen gute Worte empor, und rechtschaffenes Werk wird sie emporsteigen lassen.«

3. Wörtlich »ein Geheimnis [des Herzens]« in Anspielung auf den Hadith *qudsī:* »... das Herz Meines treuen Dieners enthält Mich.«

4. Man vergleiche dies mit Ibn ʿArabīs Erzählung über Abū Yazīd al-Bisṭāmī: »Als er Gott fragte: ›Oh mein Gott, womit kann ich Dir näherkommen‹, antwortete Gott: ›Du kannst dich Mir nur nähern durch das, was nicht zu Mir gehört.‹ – ›Und was ist es, was nicht zu Dir gehört?‹ Gott antwortete: ›[Die Eigenschaften der] Erniedrigung (*dhilla*) und [der] Bedürftigkeit (*iftiqār*)‹« (*Futūḥāt* III:316).

5. Koranvers 40:7 KK: »Du umschließt alle Dinge in Deiner Barmherzigkeit und Deinem Wissen«, bzw. KP: »Deine Barmherzigkeit und Dein Wissen kennen keine Grenzen.«

6. Eine Anspielung auf den Thronvers, den *āyat al-kursī,* 2:255 KP: »Es gibt keinen Gott außer Ihm. [Er ist] der Lebendige und Beständige«, bzw. KH: »... dem Lebendigen, dem Ewigen« und KT: »... dem Lebendigen, dem aus Sich selbst Seienden und Allerhaltenden.« In MI, MR, MW und ML ist, als Bestandteil der Rezitation, der vollständige *āyat al-kursī* wiedergegeben.

7. Wir können dies als Beschreibung der Überlieferung verstehen, nach der die Taten, die unserem persönlichen Willen entspringen, wie auf einer steinernen Tafel aufgezeichnet werden, um uns dann am Tag des Gerichts, wenn wir vor Gott stehen, vorgerechnet zu werden. Die Übersetzung der »steinernen Tafel« folgt hier MI, MR und ML, bei denen dafür *fī lawḥ irādatī* steht.

8. Anspielung auf den Koranvers 21:90 KP: »Da erhörten Wir ihn [Zacharias] und schenkten ihm den Johannes und machten ihm [zu diesem Zweck] seine Gattin zurecht [sodass sie trotz ihres vorgerückten Alters noch ein Kind zur Welt bringen konnte.] Sie [d.h. Zacharias und seine Familie] wetteiferten [zeitlebens im Streben] nach den guten Dingen und beteten zu Uns in [einer Mischung von] Verlangen und Angst«, bzw. KK: »...in Verlangen und Ehrfurcht, und sie waren vor Uns demütig«, und KH: »...und riefen Uns an in Liebe und Ehrfurcht...«, und KT: »... in Hoffnung und Furcht...«, sowie KE: »... in Begehren und Ehrfurcht...«

9. Koranvers 6:164 KK: »Sprich: Sollte ich mir einen anderen Herrn suchen als Gott, wo Er doch der Herr aller Dinge ist?«, bzw. KP: »... der Herr über alles«.

10. Anspielung auf den Koranvers 40:15 KP: »[Er ist] von hohem Rang und Herr des Throns. Er lässt den Geist von Seinem Logos kommen, auf wen von Seinen Dienern Er will, damit er [seine Zeitgenossen] vor dem Tag des Zusammentreffens warne«, bzw. KK: »Er hat hohe Rangstufen...«, bzw. KH: »Der Erhabene der Stufen...«, und KT: »Der Erhabene über alle Rangstufen...«

11. Wir lesen hier *rawḥ* statt *rūḥ*.

12. Dieser Satz ist eine Anspielung auf die Koranverse 56:88–89 KP: »Wenn nun einer [oder: wenn derjenige, der stirbt] zu denen gehört, die [Gott] nahestehen, [werden ihm] eine [kühle] Brise, duftende Kräuter (*rawḥ wa rayḥān*) und ein Garten der Wonne [zuteil]«, bzw. KK: »... eine angenehme Brise, duftende Pflanzen und...«, und KE: »...Ruhe, duftende Pflanzen und...«, sowie KT: »Glück und Duft [der Seligkeit] und...«, und KH: »... Ruhe und Versorgung ...« Wörtlich bedeutet *rayḥān* die Gewürzpflanze Basilikum, die im gesamten Mittelmeerraum wild wächst. In diesen Zeilen spielt Ibn 'Arabī mit den vielen Bedeutungen der Wurzel *r-w-h: rawḥ* (Freude oder Ruhe), *rūḥ* (Geist), *rayḥān* (Süße oder Duft), *rāḥa* (Erholung oder Erlösung) und *murtāḥ* (einer, der Erlösung oder Erleichterung findet). Siehe dazu in den *Fuṣūṣ*, im Kapitel über Jesus: »Nähre Seine Schöpfung mit Ihm, dann wirst du ›eine erquickende Ruhe und ein Duft von Leben‹ (*rawḥ wa rayḥān*) sein« (arabischer Text, Seite 143; *Fuṣūṣ*, Seite 715; *Bezels*, Seite 179; *Weisheit*, Seite 99).

13. Unter Bezug auf Koranvers 44:12 KP: »Herr! Heb die Strafe von uns auf! Wir wollen [dann] gläubig sein«, bzw. KK: »hebe die Pein von uns auf...«, und KT: »nimm von uns die Pein...«

14. Koranvers 40:7 KK: »Du umschließt alle Dinge in Deiner Barmherzigkeit und Deinem Wissen«, bzw. KP: »Deine Barmherzigkeit und Dein Wissen kennen keine Grenzen.«

15. Diese Göttlichen Namen, »der Vergebende, der Gnädige [oder Barmherzige]« (*al-Ghafūr al-Raḥīm*), beinhalten beide die Buchstaben dieses Gebets (*wāw* und *rā'*) und kommen im Koran vielfach vor. Siehe zum Beispiel den Vers 39:53 KP: »Sag: Ihr meine Diener, die ihr gegen euch selber [oder: zu eurem (eigenen) Nachteil] nicht Maß gehalten habt! Gebt nicht die Hoffnung auf die Barmherzigkeit Gottes auf! Gott vergibt [euch] alle [eure] Schuld. Er ist es, Der barmherzig ist und bereit zu vergeben.« Für »der Nachsichtige, der Allwissende«

siehe zum Beispiel Vers 33:51 KP: »Gott weiß, was ihr [insgeheim] im Herzen habt. Er weiß Bescheid und ist mild«, bzw. KK: »... und ist langmütig«, und KE: »*Allāh* ist allwissend und nachsichtig (*al-ʿAlīm al-Ḥalīm*).«

16. Dieses Namenspaar, »der Hohe, der Großartige« (*al-ʿAlī al-ʿAẓīm*), kommt ebenfalls mehrfach im Koran vor. Zum Beispiel im Vers 42:4 KK: »Ihm gehört, was in den Himmeln und was auf der Erde ist, und Er ist der Erhabene, der Majestätische«, bzw. KP: »... der Erhabene und Gewaltige«, und KT: »... der Erhabene und Große«.

17. Die beiden letzten Sätze sind in MI enthalten.

Montagmorgengebet[1]

Im Namen Gottes, des Allerbarmherzigsten
und Allergnädigsten:

Ich erbitte von Dir Licht und Führung und ein gutes Benehmen in [meiner] Übereinstimmung.[2] *In Dir suche ich Zuflucht vor dem Schlechten an meiner Seele*[3] und vor dem Bösen an allem, was mich von Dir trennt. Es gibt keinen Gott außer Dir. Reinige meine Seele von Zweifel und schlechtem Charakter, von Missgeschick und Unachtsamkeit. Verleihe mir wahre Dienerschaft, auf dass ich Dir gehorsam sein möge in all meinem Dasein.

Oh Wissender, lehre mich in Deinem Wissen! Oh weiser Richter, bekräftige mich mit der Weisheit Deines Urteils! Oh Hörender, lass mich von Dir hören! Oh Sehender, lass mich Deine Gunst sehen! Oh vollständig Bewusster, gewähre mir das Bewusstsein Deiner! Oh Lebendiger, belebe mich mit dem Gedenken Deiner! Oh Wollender, läutere mich durch Deine Gnade, Deine Macht und Deine Herrlichkeit![4] *Wahrlich, Du hast Macht über alle Dinge.*[5]

Oh Gott, ich erbitte von Dir [dass mir] ein gebietendes heiliges Wesen und eine dienende menschliche Natur [gegeben werden mögen] sowie ein taugliches Verständnis, das alles umfasst in seiner Gänze und seiner Unterscheidung, in seiner Form wie in seinem Maß.

Oh mein Gott, Dich flehe ich an bei Deiner Essenz, die keiner zu Gesicht bekommen und keiner außer Acht lassen kann; und bei Deiner Einzigkeit, worin jene [Dir anderes] beigesellen, die sich irgendetwas an Deiner Seite vorstellen;

und bei Deinem Allumfassen, worüber jene gelogen haben und von der Harmonie der wahren Reinheit abgewiesen[6] und abgetrennt wurden, die in der Ewigkeit noch anderes vermuten.

Oh Du, in Dessen Transzendenz alles, was nicht in Seiner Althergebrachtheit da ist, wieder entfernt wird! Oh Du, der Du alle Dinge durch Sein allumfassendes Wissen und Seine unvergleichliche Größe verfügst! Oh Du, der Du aus der Dunkelheit seiner Nichtexistenz in allem das Licht des Daseins hervorbringst! Oh Du, der Du die Individuationen der Sphären gestaltest gemäß jedwedem Wissen, mit welchem Er Seinen Schreibstift befüllt hat![7] Oh Du, der Du Seinen Bestimmungen durch die Geheimnisse Seiner Weisheiten[8] Vollmacht verleihst!

Dich rufe ich an, wie einer, der fern ist, einen um Hilfe herbeiruft, der nahe ist! Dich flehe ich an, wie ein Liebender seine Geliebte herbeifleht! Dich trage ich in meinen Gedanken, wie ein Bedrängter einen ersucht, der auf seine Not wohlwollend antwortet![9]

Oh Gott, ich bitte Dich, den Schleier des Ungesehenen zu lüften und die Knoten des Zweifels zu lösen! Oh Gott, lass mich durch Dich ein Leben von notwendigem Dasein leben![10] Lass mich durch Dich mit einem Erkennen begreifen,[11] das die Geheimnisse von allem Wissbaren umfasst! Zeige mir durch Deine grenzenlose Macht den Schatz des Paradiesgartens und den Thron und die Essenz, und lass meinen Mond schwinden[12] unter den Lichtern [Deiner] Eigenschaften! Befreie mich durch Dein gnädiges Wohlwollen von allen Fesseln eines begrenzten Glaubens!

Ruhm sei Dir in Deiner Erhabenheit! [Du bist] gepriesen als vollkommen transzendent, hinausgehend über alle Züge von Erscheinungen und Merkmale von Gegensätzen; und [Du bist] geheiligt als völlig rein von jeglicher Ähnlichkeit mit Tadelnswertem oder jedwedem Grund für Zurückweisung.

Ruhm sei Dir! Du hast jeden Suchenden unfähig gemacht, Dich zu erreichen[13] außer durch Dich.

Ruhm sei Dir! Keiner außer Dir kann wissen, wer Du bist.

Ruhm sei Dir! Wie äußerst nahe Du doch bist trotz der höchsten Höhe Deiner Erhabenheit!

Oh Gott, schmücke mich mit dem Gewand herrlichen Lobpreisens! Kleide mich in die Robe höchster Macht! Kröne mich mit dem Diadem von Majestät und Verklärung! Entblöße mich der Eigenschaften von zerstreuender Leichtsinnigkeit und einschnürender Strenge. Befreie mich von den Fesseln des Berechnens und Einschränkens und von der Verkettung in Unterschiedenheit, Widerspruch und Widerstand.[14]

Oh mein Gott, meine Nichtexistenz in Dir ist meine wahre Existenz; mein Verbleiben bei Dir ist meine eigentliche Nichtexistenz. Statt des Zustands, in dem ich mir vorstelle, ich existierte neben Dir, gewähre mir die Erkenntnis meiner wahren Nichtexistenz in Dir und mache mich ganz, indem Du mich in Dir auslöschst.

Es gibt keinen Gott außer Dir! Du bist weit jenseits jedes Gleichen.

Es gibt keinen Gott außer Dir! Du bist erhaben über jedweden Ähnlichen.

Es gibt keinen Gott außer Dir! Du bist ohne jegliches Bedürfnis nach Geistlichen oder Ratgebern.

Es gibt keinen Gott außer Dir! Oh Einziger! Oh universale Stütze und Zuflucht!

Es gibt keinen Gott außer Dir! Das Dasein ist allein durch Dich! Die Niederwerfung geschieht allein vor Dir! Die angebetete[15] *eine* wirkliche Wahrheit bist Du!

In Dir suche ich Zuflucht vor mir selbst,[16] und Dich bitte ich um Auslöschung meiner selbst. Dich flehe ich an, Du mögest mittels Deiner Vergebung verdecken, was immer in mir verbleibt an [Illusion von] Distanz oder Gemeinheit[17] oder was noch immer einer Bezeichnung oder relativen Bestimmung unterliegt.[18]

Du bist der Eine, Der begründet und aufrichtet, der Eine, Der hervorbringt und vollendet, der Eine, Der unterscheidet und vereinigt. Oh Begründer! Oh Aufrichter! Oh Hervorbringer! Oh Vollender! Oh Unterscheider! Oh Vereiniger![19]

Schutz und Zuflucht! Hilfe und Beistand! Oh mein Beschützer! Oh mein Helfer!

Erlösung und Errettung! Heiligtum und Obdach! Oh Du, in Dem meine Befreiung liegt und mein Allerheiligstes!

Ich erbitte von Dir, Du mögest mir alles Ersuchte und Erflehte gewähren durch jenen Vornehmsten im ursprünglichen Dasein, das Licht des vollkommensten Wissens,[20] den Geist des erhabensten Lebens, die weiße Robe ewigen Mitgefühls,[21] das Firmament von großartigstem Wesen, dessen Geist und Würde über und vor allem stehen, der die [Göttliche] Form vollendet und [den Zyklus der] Prophezeiung besiegelt hat, die Leuchte der Führung und Klärung, das Erkenntnis, Befähigung und Sicherheit bringende Mitgefühl – Mohammed, den Auserwählten, den erlesenen Gesandten.

Möge Gottes Segen über ihm sein und über seiner Familie und seinen Gefährten, und möge Er sie am Tag der Abrechnung mit großem Frieden begrüßen.

Und Lob sei Gott, dem Herrn der Welten.

Anmerkungen

1. Obwohl die Woche traditionell mit dem Sonntag beginnt, hält Ibn ʿArabī diesen für einen Sonderfall, weil er der »Tag des Einzigen« (*aḥad*) ist. Da »einzig« keine Zahl ist, hält er ihn nicht für den Beginn der Tage der Woche. Folglich beschreibt er den Montag als den »Anfang der Tage« (*ṣadr al-ayyām*) (siehe *Futūḥāt* II:652).

2. Übereinstimmung mit Gott (*iqtidā'*) bezieht sich üblicherweise darauf, dem Vorbild und der Führung der Propheten zu folgen. Siehe beispielsweise den Koranvers, der auf die Propheten anspielt, von denen achtzehn explizit erwähnt werden, 6:90 KP: »Das [das heißt jene frommen Patriarchen] sind diejenigen, die Gott rechtgeleitet hat. Nimm ihre Rechtleitung zum Vorbild.« Der Zusammenhang von Göttlicher Führung und Übereinstimmung wird auch im folgenden Hadith bestätigt: »So hat Gott uns geführt, und wir stimmen mit Ihm überein« (*Concordance,* Band V, Seite 327, überliefert durch Ibn Ḥanbal (II.90)).

3. Ein Hadith (siehe *Concordance,* Band IV, Seite 425, überliefert durch Tirmidhī (*Da'wāt* 14), und Ibn Ḥanbal (I.9), etc.

4. Gemäß MI, MR und MW, bei denen hier steht: *bi-mannika wa qudratika.*

5. Koran 3:26 KP: »Du hast zu allem die Macht«, bzw. KK: »Du hast Macht zu allen Dingen.«

6. Siehe Koran 51:9 KK: »Der wird davon abwendig gemacht, der sich abwenden lässt«, bzw. KP: »Manch einer hat sich [ganz] davon abbringen lassen.«

7. Alle Geschöpfe werden als Buchstaben betrachtet, geschrieben vom Stift, der den ersten Intellekt symbolisiert.

8. Dies könnte sich auf die Weisheiten beziehen, die in den »Worten« der Propheten hinterlegt sind [welche die einzelnen Kapitel der *Fuṣūṣ* betiteln. A.d.Ü.]

9. Anspielung auf den Koranvers 27:62 KP: »Oder wer [sonst] erhört den, der in Not ist, wenn er zu Ihm betet, und behebt das Unheil [wörtlich: das Böse] [das ihn getroffen hat] und setzt euch als Nachfolger [früherer Generationen] auf der Erde ein? Gibt es neben Gott einen [anderen] Gott? Wie wenig lasst ihr euch mahnen!«, bzw. KK: »Oder wer erhört den Bedrängten, wenn er zu Ihm ruft...«, und KH: »Wer antwortet dem Bedrängten...«

10. Das heißt, »von selbst daseiend«; in Bezug auf die Idee des *wādschib al-wudschūd,* dem notwendig Daseienden.

11. Außer in MP steht in allen anderen Manuskripten an dieser Stelle: *min ladunka,* was sich auf *'ilm ladunnī* bezieht, das insbesondere Chiḍr verliehen wurde. Siehe Koran 18:65 KP: »Da fanden sie einen von Unseren Dienern, dem Wir Barmherzigkeit von Uns hatten zukommen lassen und den Wir Wissen von Uns (*min ladunnā*) gelehrt hatten«, bzw. KH: »... unser Wissen...«, und KT: »... Wissen von Uns selbst...«, und KE: »... Wissen von Uns her...«

12. Wörtlich: »lösche mich aus« oder »lass mich verschwinden« (*amḥaqnī*). Die Wurzel *m-ḥ-q* trägt die Grundbedeutung von »Auslöschung« oder »Verdeckung«, wird aber typischerweise für das Abnehmen oder Verschwinden des Mondes verwendet. Das Letztere scheint hier angemessener aufgrund des Bildes des Lichts.

13. Die genaue Übersetzung des Wortes *wuṣūl* (erreichen) ist sehr schwierig. Gott zu erreichen, impliziert, dass eine »Distanz« überwunden werden muss, und doch kann es keine wirkliche Distanz geben, nur eine eingebildete Lücke. Wenn Er diese Illusion auflöst, mögen die Suchenden durch Seinen Blick erkennen, dass sie bereits im Einssein sind.

14. In MP steht hier zusätzlich: »durch Dein gnädiges Wohlwollen« (*bi-mannika*), doch dies reimt sich nicht.

15. Anspielung auf Koranvers 17:23 KT: »Dein Herr hat geboten: ›Verehret keinen denn Ihn...‹«, bzw. KP: »... dass ihr Ihm allein dienen sollt...« Dies bedeutet für Ibn 'Arabī, dass wir keinen anderen als Gott anbeten *können,* da Er das einzige Daseiende ist.

16. Anspielung auf den Hadith: »Ich suche Zuflucht in Dir vor Dir« (*Concordance,* Band IV, Seite 427, überliefert durch Muslim (*Ṣalāt* 222), Tirmidhī (*Daʿwāt* 67) und Ibn Ḥanbal (2.404)). In seinem Kommentar zu diesem Hadith bemerkt Ibn ʿArabī, dass die zweite Person (»in Dir vor Dir«) wiederholt wird ohne genauere Bestimmung, auf wen sie sich bezieht: »Der Zufluchtsuchende sieht sich selbst entsprechend Seiner Gestalt und sagt daher: ›vor Dir‹, womit er meint, dass er in Gott Zuflucht sucht vor Ihm selbst / sich selbst (*min nafsihi*). Dieses Selbst (*nafs*) ist das [Göttliche] Bild [...] Daher kann man es so verstehen, dass beide Pronomen eins sind [sich also auf dasselbe Subjekt beziehen] oder dass das Pronomen ›vor Dir‹ sich [nur] auf das Bild bezieht, welches das Selbst ist, das Zuflucht sucht vor der versteckten Göttlichen List. [Und dies trifft nur zu auf] den Stellvertreter (*khalīfa*), der zur Göttlichen Gestalt in ihrer vollkommensten Form gelangt (*Futūḥāt* III:183).

17. Bei MI, MW und ML steht hier: *baqiyya.*

18. Beziehungsweise: »... oder mir einen Namen oder Beinamen (*kunya*) gibt.« Wörtlich bedeutet *kunya,* Kinder zu haben. Vergleiche dazu den folgenden Auszug aus einem Gedicht Ibn ʿArabīs im *Dīwān* (Nr. 94, Seite 44): »Ich bin der Erneuerer (*muḥyī id-dīn*) – ich habe keine *kunya* // und keinen *nisba* (Namenszusatz). Ich bin der hatimitische Araber, Muḥammad! // In jeder Epoche gibt es einen, der sie verkörpert, // und jetzt bin ich allein jenes Individuum.«

19. Der Zweck dieser Anrufung besteht in der Verwirklichung der Eigenschaften dieser Göttlicher Namen im Diener.

20. Nach MI, MW und ML, bei denen hier steht: *nūr al-ʿilm al-akmal.*

21. »Die Robe (oder der Teppich) des Mitgefühls« (*bisāṭ al-raḥma*) ist eine Redewendung für das Leichentuch, bei dem es sich traditionellerweise um die weiße Robe der Reinheit handelt, die von der oder dem Verstorbenen während der Pilgerreise in Mekka getragen wurde. Bildlicher könnte dieser Ausdruck auch gelesen werden als: »jener, welcher die gesamten Schöpfung in ewiges Mitgefühl hüllt.«

Dienstagabendgebet[1]

Im Namen Gottes, des Allerbarmherzigsten
und Allergnädigsten:

Oh mein Gott, Dein Sturm ist der heftigste,[2] Dein Zugriff der schmerzvollste,[3] Deine Eroberung die gewaltigste. [Du bist] der Höchsterhabene über alle Widersacher oder Rivalen und der Überweltlichste jenseits *aller Gefährten- oder Nachkommenschaft.*[4] Bei Dir liegen das Bezwingen von Feinden und das Niederschlagen von Unterdrückern. Du überlistest, wen immer Du willst, *und Du bist der beste Ränkeschmied.*[5]

Oh mein Gott, ich erbitte von Dir bei Deinem Namen, mit welchem Du *am Schopfe packst,*[6] mit welchem Du die Feinde *aus ihren Burgen herunterholst und ihnen Schrecken in die Herzen jagst,*[7] mit welchem Du die gestraften Leute unglücklich machst,[8] dass Du mir Hilfe zukommen lässt mit einem der roten Fäden[9] Deines Namens »der Feste«. Möge dieser [Name] alle und jede meiner Kräfte durchströmen, sodass ich fähig werde zu tun, was immer ich möchte, und dass die finstere Schikane des Übeltäters mich nicht zu beeinflussen, noch der arrogante Ungerechte über mich herzufallen vermag. Lass meinen Eifer, wenn ich Dich in Deinem Auftrag verteidige, Hand in Hand gehen mit Deinem Eifer zu Dir selbst. *Verwische* die Gesichter meiner Feinde, *verwandle sie an ihrem Ort, bedrücke ihre Herzen*[10] und *errichte zwischen* mir und *ihnen eine Mauer, deren Tor nach innen zur Barmherzigkeit und nach außen zur Pein führt.*[11] Du bist der Festeste im Ansturm, der

Schmerzhafteste im Zugriff und der Gewaltigste in der Strafe.[12]

So geht es, wenn dein Herr die Städte in ihrer Frevelhaftigkeit heimsucht. Er fasst schmerzhaft und hart zu.[13]

Oh mein Herr, bereichere mich durch Dich über das Verlangen nach etwas anderem als Dir hinaus, sodass diese völlige Hinlänglichkeit mich von allen Bedingungen befreit, die mich abhängig machten von jeglichem kreatürlichen Mangel oder geistigen Bedürfnis. Lass mich in meinem Gedeihen [in Dir] die höchste Gemütsruhe erlangen und erhebe mich zum Lotosbaum meiner äußersten Grenze.[14] Lass mich das Dasein als einen Kreislauf bezeugen und die Reise als eine Umlaufbahn, sodass ich schauen möge das Geheimnis des Göttlichen Herabsteigens bis zu den letzten Enden und die Rückkehr zu den wahren Anfängen, wo das Sprechen aufhört und der Vokal des *lām* verstummt,[15] wo der Punkt des *ghayn* von mir genommen wird[16] und das Eine zu den Zweien zurückkehrt.[17]

Oh mein Gott, schenke mir die Gunst jenes Geheimnisses, das Du vielen Deiner Heiligen gewährt hast: eine Gnade, die mir den Nebel meines [offensichtlichen] Eigendünkels zerteilen wird. Hilf mir in all dem mit einem strahlenden Licht, *das die Augen blendet*[18] *eines jeden Neiders unter Dschinnen und Menschen.*[19] Gewähre mir die Gabe eines Geschicks, das Erfolg bringt auf jeder Station. Mache mich wohlhabend über das Bedürfnis nach etwas anderem als Dir hinaus mit einem Reichtum, der meine vollständige Armut vor Dir begründet.

Wahrlich, Du bist der Reiche, der Lobenswerte,[20] der Freund, der Glanzvolle, der Großzügige, der scharfsichtige Leitende!

Und möge der Segen Gottes über unserem Meister Mohammed sein und über seiner ganzen Familie und all seinen Gefährten.

Anmerkungen

1. Die beiden Buchstaben dieses Gebets sind *schīn,* wie in *schadīd* (kraftvoll), *batsch* (Ansturm) und *scha'n* (Geschäft); sowie *ghayn,* wie in *ghanī* (reich), *ghayma* (Nebel) und *ghalaba* (Sieg). Ihre Kombination findet sich bereits im Koranvers 91:4 KP: »bei der Nacht, wenn sie über sie [die Sonne] kommt (*yaghschāhā*) [und ihr Licht in Finsternis wandelt].«

2. Anspielung auf den Koranvers 85:12 KP: »Dein Herr packt [wenn Er straft?] heftig zu«, bzw. KK: »Der gewaltige Zugriff deines Herrn ist hart«, KT: »Deines Herrn Erfassung ist furchtbar«, KH: »Deines Herrn Rache ist wahrlich streng« und KE: »Das Zupacken deines Herrn ist wahrlich hart.« Diese Aussage findet sich auch anderenorts im Koran in Bezug auf ältere Völker, die sich für mächtig hielten, zum Beispiel in 50:36 KK: »Wie viele Generationen haben Wir vor ihnen verderben lassen, die stärkere Gewalt besaßen als sie (*aschadda minhum baṭschan*)«, bzw. KP: »Wie viele Generationen haben Wir vor Ihnen [d.h. vor den zeitgenössischen Ungläubigen] zugrunde gehen lassen, die größere Draufgänger waren als sie.« Dieser Name erscheint auch in einer positiven Bedeutung, nämlich im Gebet Lots in 11:80 KK: »Er sagte: ›Hätte ich doch Kraft genug, um euch zu widerstehen, oder könnte ich nur auf einem starken Stützpunkt (*rukun schadīd*) Unterkunft finden!‹« Im Kapitel über Lot in den *Fuṣūṣ* schreibt Ibn 'Arabī: »Der Gesandte Gottes sagte: ›Möge Gott mit meinem Bruder Lot Erbarmen haben, denn er hatte bei einer festen Stütze Zuflucht genommen‹, womit er meinte, Lot sei bei Gott hinsichtlich [Seines Namens] ›der Kraftvolle‹. Mit den Worten ›feste Stütze‹ meinte er Lots eigenes Volk, und mit den Worten ›Hätte ich doch Kraft genug, um euch zu widerstehen‹ meinte er Widerstand[skraft], was sich auf jene Konzentrationskraft bezieht, die ausschließlich dem Menschen eigen ist« (arabischer Text, Seite 127; *Fuṣūṣ,* Seite 629; *Bezels,* Seite 157–158; *Weisheit,* Seite 99).

3. Diese beiden Beinamen, »der Heftigste« oder »der Stärkste« (*asch-Schadīd*) und »der Schmerzhafteste« (*al-Alīm*) finden sich beisammen in der Sure *Hūd* im Kontext früherer Generationen, welche die von den Propheten überbrachte Göttliche Einladung verschmäht hatten; siehe 11:102 KP: »... Er fasst schmerzhaft und hart zu.«

4. Bezieht sich auf Koranvers 72:3 KP: »Er hat Sich weder eine Gefährtin noch ein Kind [oder: Kinder] zugelegt«, bzw. KH: »Er (erhöht sei die Herrlichkeit unseres Herrn!) hat Sich keine Genossin genommen und keinen Sohn«, und KT: »Er hat Sich weder Gattin noch Sohn zugesellt.«

5. Koran 8:30, KT auch: »der beste Plänemacher.«

6. Vergleiche Koranvers 55:41 KP: »Die Sünder erkennt man [dann] an ihrem Zeichen und packt sie am Schopf und an den Füßen«, bzw. KT: »Die Schuldigen werden erkannt werden an ihren Merkmalen, und erfasst werden sie an ihren Stirnlocken und Füßen.«

7. Vergleiche Koranvers 33:26 KP: »Und Er ließ diejenigen von den Leuten der Schrift, die sie [d.h. die Ungläubigen] unterstützt hatten, aus ihren Burgen herunterkommen und jagte ihnen Schrecken ein.«

8. Anspielung auf die Koranverse 11:105 ff KP: »Am Tag, da sie [die Strafe, oder: es, das Gericht] kommt, sagt niemand ein Wort außer mit Seiner Erlaubnis.

Unter ihnen gibt es dann welche, die unselig, und welche, die selig sind. Die Unseligen werden dann im Höllenfeuer sein…«, bzw. kK: »Am Tag, da er [der Tag der Versammlung] eintrifft, wird niemand sprechen außer mit Seiner Erlaubnis. Einige von ihnen werden dann unglücklich und andere selig sein. Diejenigen, die unglücklich sind, werden dann im Feuer sein…«

9. »Rote« oder »verbindende Fäden« (*raqāʾiq*) sind in Ibn ʿArabīs Schriften ein Fachbegriff für das, was unterschiedliche Stufen des Daseins miteinander verbindet: »Zwischen den beiden Welten verlaufen ›Fäden‹, die von jeder [geistigen] Gestalt zu ihrem Abbild [in der unteren Welt] reichen und die beiden verbinden, sodass sie nicht getrennt werden. Auf- und Abstieg erfolgen über diese Fäden, womit sie wie aufsteigende und absteigende Leitern sind« (*Futūḥāt* III:260).

10. In diesen Zeilen sind zwei Anspielungen zum Zweck der Betonung ineinander verwoben. Eine ist Teil des Gebets des Moses angesichts der Unterdrückung und des Widerstands durch Pharao und dessen Volk gemäß Koranvers 10:88 kP »Herr! […] Lass ihr Vermögen verschwinden [wörtlich: wisch es aus] und schnüre ihnen das Herz zu, sodass sie nicht [eher (an Dich)] glauben, [als] bis sie die schmerzhafte Strafe [unmittelbar vor sich] sehen«, bzw. kH: »Vertilge ihre Güter und verhärte ihre Herzen…« Die Zweite bezieht sich auf die Verse 36:66–67 kP: »Wenn Wir wollten, würden Wir ihnen das Augenlicht nehmen [wörtlich: ihre Augen auswischen]. Dann würden sie versuchen, möglichst schnell auf den rechten Weg zu kommen. Aber wie könnten sie etwas sehen? Und wenn Wir wollten, würden Wir sie an die Stelle bannen, auf der sie sich befinden. Dann könnten sie weder vorwärts- noch rückwärtsgehen.«, bzw. kK: »…würden Wir sie an ihrem Ort verwandeln…«

11. Vergleiche den Koranvers 57:13 kP: »Man sagt dann [zu den Heuchlern]: ›Geht zurück, nach hinten, und sucht [dort] nach Licht!‹ Und eine Mauer mit einem Tor wird zwischen sie gesetzt. Innerhalb davon befindet sich die Barmherzigkeit, und außerhalb, diesseits, die [Höllen]strafe.«

12. Die letzte dieser Attribute (*ʿaẓīm al-ʿiqāb*) findet sich in mR, mW und mL angefügt und passt zum Reim.

13. Koranvers 11:102 kP, nach kH auch: »Also war die Strafe deines Herrn, als Er die ungerechten Städte strafte. Siehe, Seine Strafe ist schmerzlich und streng.«

14. Der koranische Ausdruck »der Lotosbaum der äußersten Grenze« (*sidrat al-muntahā*) bedeutet für Ibn ʿArabī den entferntesten Punkt, den die Seele als solche im Aufstieg zu Gott (*miʿrādsch*) erreichen kann. Er steht an der Grenze des siebten Himmels. Siehe Koran 53:13–16 kH: »Und wahrlich, er [Mohammed] sah ihn [den Koran (oder auch: es, das Licht des Herrn)] ein andermal bei dem Lotosbaum der äußersten Grenze, neben dem der Garten der Wohnung [liegt], da den Lotosbaum bedeckte, was da bedeckte (*yaghschā*)«, bzw. kP: »Er hat ihn ja auch ein anderes Mal herabkommen sehen, beim Ziziphusbaum am äußersten Ende [des heiligen Bezirks?], [da] wo der Garten der Einkehr ist [?], [damals] als sich jene Decke [oder: Verhüllung] über den Ziziphus legte«, und kK: »… beim Ziziphusbaum am Ende des Weges, bei dem der Garten der Heimstätte ist…«, und kT: »… als den Lotosbaum überflutete, was [ihn] überflutete…«, und kE »… beim Sidarbaum des Endziels, bei dem der Garten der Zuflucht ist…«. Weitere Bezüge finden sich in Ibn ʿArabīs *Kitab al-isrāʾ* (arabischer Text, Seite 109) [sowie im Kapitel 367 der *Futūḥāt;* siehe dazu: Muḥyīddīn Ibn ʿArabī: *Reise zum Herrn der Macht,* Zürich: Chalice Verlag, 2007, Seiten 139–148].

15. Das »Schweigen« oder »Verstummen des *lām*« bezieht sich auf Ibn 'Arabīs komplexes Verständnis des Begriffs *li-Llāh* (wie in *al-ḥamdu li-Llāh,* »Lob sei Gott«). Im Arabischen schreibt sich der erste Teil, *li,* mit dem Buchstaben *lām,* der die Bedeutung von »gehört« oder »für« hat; der folgende Vokal *i* heißt *kasra* und ist »getrennt« oder wird unter dem Buchstaben, quasi in einer untergeordneten Position, geschrieben. Diese Endung im *kasra* wird von den Grammatikern »herabgesetzt« oder »unterworfen« (*khadfh*) genannt und wurde in der Sufi-Tradition als Symbol der Dienerschaft verstanden. Siehe dazu beispielsweise QUSHARĪ: *Naḥw al-qulūb al-kabīr* (»Grammatik des Herzens«), Kairo 1994, Seite 40.

Der Buchstabe *lām* symbolisiert also den Diener, der in Bezug auf Gott »getrennt« oder unterworfen ist, und wenn sein Vokal verstummt (wörtlich: »wenn seine Bewegung aufhört«), wird er mit Ihm vereint, und alles, was verbleibt ist Gott (*Allāh*). Zur symbolischen Bedeutung des *li* siehe *Futūḥāt* I:111 ff, übersetzt von GERALD ELMORE in "Paradox of Praise", in *Praise* (herausgegeben von Stephen Hirtenstein), Oxford 1997, Seite 80 ff.

16. In Ibn 'Arabīs Schriften wird der *ghayn* als Symbol für die Trennung von oder die Distanz zur Wirklichkeit verstanden, weil er der erste Buchstabe des Wortes *ghayr* (anders) ist. Wenn vom Buchstaben *ghayn* der Punkt weggelassen wird, wird er zum Buchstaben *'ayn,* der auch für »Essenz« steht. Das mag an dieser Stelle auf »die eine Wirklichkeit« (*al-'ayn al-wāḥida*) anspielen.

17. Die Beziehung zwischen dem Einen und den Zweien wird auf schöne Weise in der folgenden Textstelle erklärt: »Der höchste Zweck des Dieners besteht darin, dass er sein eigenes Selbst lobe, das er im [Göttlichen] Spiegel schaut, da es dem Entstandenen nicht gegeben ist, den Vorherseienden zu ertragen« (*Futūḥāt* I:112 ff nach ELMORE in *Praise*).

In MR und MW sowie in den Randnotizen in MI und MP steht hier: *yaghlibu'l-wāḥid 'alā'l-ithnayn* (»das Eine triumphiert über die Zwei«). Während diese Lesart auf den ersten Blick logischer erscheint, sollten wir die folgende lexikalische Feinheit beachten: Der erste Buchstabe der Wurzel *gh-l-b* (»triumphieren«) ist ein *ghayn,* der Grundbuchstabe dieses Teils des Gebets; während in unserer, MP und MI folgenden Lesart die Wurzel des Wortes »zurückkehren« (*ya'ūd*) mit einem *'ayn* beginnt, also mit dem, was verbleibt, wenn der Punkt des *ghayn* weggenommen wird.

18. Bezieht sich auf die Koranverse 2:19–20 KP: »Und Gott hat die Ungläubigen [allesamt] in Seiner Gewalt. Der Blitz raubt ihnen beinahe das Gesicht. Sooft Er ihnen hell macht, gehen sie darin [in der Helligkeit]. Und wenn Er es [wieder] dunkel über ihnen werden lässt, bleiben sie stehen.«

19. Anspielungen auf die beiden »Suren der Zuflucht« am Ende des Korans; 113 KP: »Ich suche beim Herrn des Frühlichts Zuflucht vor dem Unheil [das ausgehen mag] [...] von einem, der neidisch ist« und 114 KK: »Ich suche Zuflucht beim Herrn des Menschen [...] vor dem Unheil des Einflüsterers, des Heimtückischen, der da in die Brust der Menschen einflüstert, sei es einer von den Dschinnen oder von den Menschen.

20. Die Kombination der Namen »der Reiche, der Lobenswerte« (*ghanī ḥamīd*) kommt im Koran häufig vor, zum Beispiel in Vers 35:15 KP: »Ihr Menschen! Ihr seid es, die arm und auf Gott angewiesen sind. Gott aber ist es, Der reich [oder: auf niemand angewiesen] und des Lobes würdig ist.« Zu beachten ist, dass alle diese Namen dem *fa'īl*-Muster entsprechen, also sowohl aktiv als auch passiv sind.

Dienstagmorgengebet[1]

Im Namen Gottes, des Allerbarmherzigsten
und Allergnädigsten:

Oh mein Herr, tauche mich ein in den *unergründlichen Ozean*[2] Deiner Einzigkeit und in die hohe See auf dem Meer deiner Einsheit,[3] und stärke mich mit der unumschränkten Kraft und Vollmacht Deiner Singularität.[4] Möge ich daraus auftauchen in die unermessliche Weite Deiner Barmherzigkeit, mein Gesicht erhellt von den Blitzlichtern der Nähe, die zu den Zeichen Deines Mitgefühls gehören. [Möge ich] geschätzt werden kraft Deiner Ehrfurcht erweckenden Größe, unbezwingbar dank Deiner fürsorglichen Anteilnahme und Gunst, geschätzt und verehrt aufgrund Deiner Anleitung und Reinigung.[5]

Verleihe mir die Robe der Macht und Anerkennung. Räume mir die Wege frei, die da führen zu Vereinigung und Erlangen. Kröne mich mit dem Diadem der Hochwürde und Größe. Bringe mich mit Deinen Lieben zusammen in dieser Welt des Niedrigen und in jener der ewigen Ruhe. Gewähre mir durch das Licht Deines Namens[6] eine Autorität und ein Ehrfurchtgebieten aus dem Licht Deines Namens, auf dass Herzen und Gemüter zu mir geführt und Seelen und Körper vor mir zur Ergebenheit gebracht werden.

Oh Du, vor Dem die Tyrannen ihre Nacken unterwürfig beugen und Dem sich die Habgierigen zerknirscht ausliefern! Oh König dieser Welt und der anderen!

Vor Dir gibt es keine Zuflucht oder Schutzfeste *außer in Dir.*[7] Es gibt keine Hilfe außer durch Dich. Keinem kann vertraut werden außer Dir.

Vertreibe von mir die Intrigen des Neiders und die Bosheiten des Verstockten! Stelle mich unter den Schutz des Baldachins Deiner mächtigen Innigkeit, oh Du, Großzügigster der Großzügigen!

Oh mein Gott, gewähre meinem Äußeren[8] Hilfe, sodass ich Deine Zufriedenheit erlangen möge, und schenke meinem Herzen und innersten Geheimnis Licht, auf dass ich der Wege Deines Wirkens gründlich gewahr werde.

Oh mein Gott, wie könnte ich an Deiner Tür als Versager vor Dir abgewiesen werden, wenn ich dort ankomme mit vollkommenem Vertrauen in Dich? Und wie könntest Du mich an Deinem Geben verzweifeln lassen, wenn Du mir doch befohlen[9] hast, Dich zu bitten? Hier bin ich, Dir hingegeben und Zuflucht suchend in Dir!

Oh mein Gott, lege einen Abstand zwischen mich und meine Feinde, so wie Du Abstand zwischen Osten und Westen gelegt hast. *Blende ihre Augen,*[10] lass ihre Füße zittern und vertreibe mir ihr Übel und ihr Unrecht durch das Licht Deiner Heiligkeit und der Majestät[11] Deines Ruhms.[12]

Wahrlich,[13] Du bist Gott, der Eine, Der Gnaden schenkt und den höchsten aller Segen gewährt, der Allergeschätzteste und Allerverehrteste dessen, der mit Dir Vertraulichkeiten austauscht über die Feinheiten von Wohlwollen und Mitgefühl.

Oh Lebendiger! Oh Selbst-Beständiger! Oh Enthüller der Geheimnisse mystischen und heiligen Wissens!

Beschütze mich mit der Majestät Deiner Heiligkeit und Deines Ruhms![12] Wahrlich, Du bist Gott; es gibt keinen Gott außer Dir, Dir allein ohne Partner![14] Und ich bezeuge: Unser Meister Mohammed ist Dein Diener, Dein Gesandter und Dein Busenfreund.

Möge Gottes Segen über unserem Meister Mohammed sein und über seiner Familie und seinen Gefährten.

Ehre sei deinem Herrn, dem Herrn von erhabener Macht, jenseits dessen, womit sie Ihn beschreiben. Friede sei mit den Gesandten. Und Lob sei Gott, dem Herrn der Welten.[15]

Anmerkungen

1. Zwei der Manuskripte geben wieder, was wir als einen Kommentar aus dem Mund Ibn ʿArabīs bezüglich der Entstehung dieses Gebets verstehen können. Am Rand von MR finden wir folgende Anmerkung: »Der Scheich Muḥyīddīn Ibn ʿArabī, möge Gott sein Geheimnis heiligen, sagte: ›Zwei weiß gekleidete Männer von ehrerbietendem Aussehen erschienen mir während einer Einkehr und trugen mir auf, dieses Gebet zu beten, welches »Gebet der Enthüllung« (*duʿā' al-kaschf*) genannt wird.‹« In MP wird dies mit folgender Information erhärtet: »Zwei Scheichs von ehrerbietendem Aussehen erschienen mir während einer Einkehr auf dem Berg der Öffnung (*dschabal af-fatḥ*) im Jahr 610 AH [1213 AD]. Einer von ihnen sagte zu mir: ›Übermittle dies von mir allen wahrhaftig Suchenden und bereitwilligen Aspiranten.‹«

Eingedenk der Verbindung zwischen Dienstag und dem Propheten Aaron dürfen wir annehmen, dass es sich bei den beiden eindrucksvollen Männern um Moses und Aaron gehandelt haben könnte, wobei der Letztere seine bekannte Rolle als »öffentlicher« Redner gespielt haben mag; jedenfalls hat dieses Gebet viele mosaische Bezüge. Alternativ, weil Dienstag ebenso mit dem Propheten Yaḥyā (Johannes dem Täufer) verbunden wird, könnten wir diese Gestalten ebenso gut als Aaron und Johannes verstehen. Was den Berg betrifft, bestehen mehrere Möglichkeiten: Er könnte eine Gegend in der Nähe von Mekka oder Medina bezeichnen, etwa den Berg Ḥirāʾ, wo Mohammed vom Engel Gabriel inspiriert worden war; auch könnte er sich vielleicht auch auf den Berg Sinai beziehen, obwohl es keine Hinweise darauf gibt, dass Ibn ʿArabī ihn jemals besucht hätte. Es könnten aber genauso gut auch andere heilige Berge gemeint sein, wie etwa der Berg Qāsiūn, der sich über Damaskus erhebt, oder der Berg Tabor, der Schauplatz der Verklärung. [Ausgeschlossen scheint der Fels von Gibraltar, der auf Arabisch denselben Namen trägt, weil sich Ibn ʿArabī in jenen Jahren nachweislich nicht in Andalusien aufgehalten hat, sondern im Nahen Osten auf Reisen war (A.d.Ü.).] Klar ist, dass die Ohrenzeugen von Ibn ʿArabīs Aussage wussten, auf welchen Berg er sich bezog.

2. Anspielung auf den Koranvers 24:40 KP: »[Die Handlungen der Ungläubigen sind] wie Finsternis in einem abgründigen Meer, das von einer Woge bedeckt wird, über der eine [weitere] Woge liegt, und über der [auch noch] eine Wolke liegt – eine Finsternis über der anderen: Wenn man seine Hand ausstreckt, kann man sie [vor Dunkelheit] kaum sehen.«

3. Hier wird auf zwei Stellen im Koran angespielt, in denen das Meer (*yamm*) sowohl Pharao und seine Truppen vernichtete als auch die Asche des Goldenen

Kalbs hinwegwusch. Verse 20:77–79 KP: »Und Wir haben doch [seinerzeit] dem Mose [die Weisung] eingegeben: ›Zieh mit Meinen Dienern [aus dem Land des Pharao] los! Und dann schlag ihnen [mit deinem Stock] einen trockenen Weg durch das Meer, sodass du nicht zu fürchten brauchst, dass man [euch] einholt, und du keine Angst haben musst!‹ Pharao verfolgte sie mit seinen Truppen. Und da deckten jene Wassermassen des Meeres sie zu. Pharao hatte [bei alledem] sein Volk in die Irre geführt und nicht rechtgeleitet«, bzw. KK: »... und es überdeckte sie vom Meer, was sie überdeckte...«, und KT: »... und es kam über sie aus dem Meere, was sie überwältigte...« Und Verse 20:97–98 KP: »Wir werden ihn [deinen angeblichen Gott] verbrennen und ihn hierauf [zu Staub zermalmt?] ins Meer streuen. Euer [wahrer] Gott ist Gott allein, außer Dem es keinen Gott gibt. Er hat ein allumfassendes Wissen.« Wir folgen hier MI, MR, MW und ML, bei denen steht: *fī yammi wāḥidiyyatika.*

4. Anspielung auf den Koranvers, in dem Gott Moses anspricht, 28:35 KP: »Wir werden dir durch deinen Bruder [Aaron] Kraft verleihen. Und Wir geben euch beiden Vollmacht (*sulṭān*).«

5. Gemäß MI, MR und MW, in denen hier steht: *bi-ta'līmika wa terbiyatika.*

6. »Deines Namens« bezieht sich auf *Allāh,* den umfassenden Namen, der alle Namen in sich vereinigt; während »Deine Namen« die Vielzahl der Namen bedeutet, durch die Gott Sich manifestiert. MI, MR und MW führen noch die Ergänzung hinzu: *bi-nūri asmā'ika.*

7. Spielt an auf den Koranvers: 9:118 KP: »Auch den Dreien, die zurückgelassen wurden [...] [und] meinten, dass es vor Gott keine Zuflucht gebe außer [eben] in Ihm. Hierauf wandte Er Sich ihnen [gnädig] wieder zu, damit sie [auch ihrerseits] umkehren [und Buße tun] würden. Gott ist der Gnädige und Barmherzige.« Die anderen Aussagen beziehen sich auf Vers 1:5 KP: »Und Dich bitten wir um Hilfe«, und 9:129 KP: »Auf Ihn vertraue ich.«

8. MI ergänzt: *wa bāṭinī* (und Inneren).

9. Gemäß MI, MR, MW und ML, bei denen hier steht: *amartanī.*

10. Vergleiche Koranverse 2:19–20 KP: »Und Gott hat die Ungläubigen [allesamt] in Seiner Gewalt. Der Blitz raubt ihnen beinahe das Gesicht. Sooft Er ihnen hell macht, gehen sie darin [in der Helligkeit]. Und wenn Er es [wieder] dunkel über ihnen werden lässt, bleiben sie stehen. Wenn Gott wollte, würde Er ihnen das Gehör und Gesicht [ganz] nehmen. Gott hat zu allem die Macht.«

11. Nach MI, MR, MW und ML: *idfa' 'annī scharrahum wa ḍarrahum.*

12. In diesem Teil des Gebets kommt der Göttliche Ruhm (*madschd*) zweimal vor, vielleicht als Anspielung auf die beiden von dieser Wurzel abstammenden Göttlichen Namen *al-Mādschid* (der Ruhmvolle) und *al-Madschīd* (der Glorreiche). In der *Kaschf* [49 und 66] führt Ibn 'Arabī aus, dass *al-Mādschid* nicht genauer bestimmten, allgemeinen Ruhm bedeutet (*scharaf dschumalī*), während sich *al-Madschīd* auf detaillierten Ruhm bezieht (*tafṣīl*).

13. Dieser und die nächsten zwei Absätze sind in vielen Varianten vorhanden. Unsere Lesart folgt MW und ML.

14. Hier klingt der bekannte Hadith an: »Es gibt keinen Gott außer Gott, außer Ihm allein ohne Partner« (überliefert durch Muslim, *Imān* 46 etc.).

15. Koranverse 37:180–182 KK: »Preis sei deinem Herrn, dem Herrn der Macht! [Er ist erhaben] über das, was sie schildern. Und Friede sei über den Gesandten! Und Lob sei Gott, dem Herrn der Welten.«

Mittwochabendgebet[1]

Im Namen Gottes, des Allerbarmherzigsten und Allergnädigsten:

Oh mein Gott, Dein Name[2] ist der Meister aller Namen. In Deiner Hand ist das Königreich der Erde und des Himmels.[3] Du bist der Selbstdaseiende,[4] Der in jedem Ding besteht und *über alle Dinge wacht.* In Dir liegt Reichtum jenseits von Bedürfnis fest begründet, und alles, was anders ist als Du, alles »er« und »ich«,[5] bedarf des allerheiligsten Ausströmens Deiner Großzügigkeit.

Von Dir erbitte ich, bei Deinem Namen, mit welchem Du die sich ergänzenden Gegensätze und Gliederungen [der beiden Reiche] von Schöpfung und Befehl vereinigst und mit welchem Du die Nichtmanifestation alles Erscheinenden anordnest und die Manifestation alles Nichtmanifesten erscheinen lässt: Verleihe mir den Zustand des allseitigen Helfers,[6] durch den ich die Bewegungen Deiner Stärke und Macht zu beruhigen vermag, sodass alles Bewegungslose in mir bewegt und alles Bewegte in mir bewegungslos wird.[7] Dann mag ich die *qibla*[8] jeder Ausrichtung und das Vereinigende jeglicher trennenden Unterscheidung selbst finden kraft Deines Namens, dem ich zugewandt bin und angesichts dessen mein eigen Wille und Wort schwinden. So sollen alle von mir ein *Glutstück*[9] der vollen Rechtleitung nehmen, das ihnen erleuchten wird, wozu Mohammed, der Erwählte (Frieden und Segen seien mit ihm), sie geführt hat.[10] Wäre es nicht für ihn geschehen, den Einmaligen, wäre die Ichheit Dessen, Der das Feuer bringt, dem Moses (Friede sei mit ihm) nicht dreimalig bestätigt worden.[11]

Oh Du, der Du Er bist! Und ein Ich gibt es nicht.[12]

Ich erbitte von Dir, bei jedem Namen, der sich ableitet vom *alif* des Ungesehenen, das die Wirklichkeit all dessen umfasst, was bezeugt wird, dass ich die Einheit jedes Vielen im Inneren einer jeden unmittelbaren Wahrheit bezeugen möge und die Vielheit jedes Einen im Äußeren einer jeden letztendlichen Wirklichkeit. Dann lass mich die Einheit des Äußeren und des Inneren bezeugen, sodass mir nicht verborgen bleibt, was auch immer unsichtbar ist im Äußeren, und mir nicht unsichtbar bleibt, was auch immer verborgen ist im Inneren. Lass mich Zeuge sein der Gesamtheit in allen [Dingen],[13] oh Du, *in Dessen Hand das Königreich aller Dinge liegt.*[14]

Du, wahrlich, Du bist Du![15]

Sag: »Gott«, und dann lass sie mit ihrem Geplapper ihr Spiel treiben.[16] *Alif lām mīm. Gott – es gibt keinen Gott außer Ihm, dem Lebendigen, dem Selbst-Ständigen.*[17]

Oh mein Meister, Friede von Dir sei mit mir,[18] Du bist meine Hilfe. Dir ist es gleich, ob ich Dich innerlich oder äußerlich anspreche, denn Du hörst mein Rufen und antwortest auf mein Gebet. Du hast meine Dunkelheit mit Deinem Licht gebannt. Du hast meinen leblosen Körper mit Deinem Geist belebt. Du bist mein Herr. Mein Hören, mein Sehen und mein Herz sind in Deiner Hand. Du hast von mir Besitz genommen ganz und gar. Du hast meiner Niedrigkeit Rang verliehen;[19] Du hast meine Stellung angehoben; Du hast mein Gedenken hochgehalten.[20]

Mögest Du auf ewig gesegnet sein! Licht der Lichter! Enthüller der Geheimnisse! Gewährer des Lebens in all seiner Spanne! Senker der Schutzvorhänge!

In der Erhabenheit Deiner Majestät bist Du transzendent weit über den Kennzeichen des Bedingten. Der Grad

Deiner Vollkommenheit übersteigt jeglichen Versuch, [sie] mit [gefärbten] begehrlichen Neigungen, Fehlern und Schwächen zu erfassen. Die Erden und die Himmel werden erleuchtet von der reinen Vision Deiner Essenz.[21] Dein sind der höchste Ruhm, die umfassendste Ehre und die unnahbarste Macht.

Ewig gepriesen und heilig ist unser Herr, der Herr der Engel und des Geistes![22] Er ist es, Der die finsteren *Burgen*[23] und die dunklen Elemente erleuchtet; und Er ist es, Der jene erlöst, die in den Fluten der Materie ertrinken.[24] *Bei Dir suche ich Zuflucht vor der Finsternis, wenn sie einsetzt, und vor den Neidern,*[25] wie sie blicken und lauern.

Oh mein königlicher Besitzer, Dich rufe und Dich flehe ich an, [Dir] anvertraue ich mich als ein gebrochener Diener, der weiß, dass Du zuhörst, und fest daran glaubt, dass Du antworten wirst, als einer, der an Deiner Tür steht *in äußerster Not* und keinen findet *als Sachwalter außer Dir.*[26]

Dich, meinen Gott, bitte ich, bei jenem Namen, durch den Du Gutes ausschüttest, Segen erteilst und den Dankbaren Wachstum bescherst und durch den Du aus der Finsternis hervorbringst und durch den Du die Beigeseller und Niederträchtigen fallen lässt:[27] Mögest Du die Gewänder Deines Lichts über mir entfalten und damit Feinde blenden und entmachten.[28] Gewähre mir meinen Anteil von Dir als ein Strahlen, das mir jede verborgene Sache erhellt, jedes große Geheimnis enthüllt und jeden verführerischen Satan verbrennt.

Oh Licht des Lichts! Enthüller alles Verhüllten! *Zu Dir werden alle Dinge zurückgebracht.*[29] Durch Dich wird alles Böse zurückgewiesen.[30] Oh Herr, oh Gnädiger, oh Vergebender!

Möge der Segen Gottes über unserem Meister Mohammed sein und über seiner ganzen Familie und seinen Gefährten. *Friede sei mit den Gesandten. Und Lob sei Gott, dem Herrn der Welten.*

Anmerkungen

1. Die beiden Grundbuchstaben dieses Gebets sind: *alif,* wie in *Allāh, ism* (Name), *ana* (ich) und *anta* (du); sowie *sīn,* wie in *sayyid* (Meister), *salām* (Frieden), *sanad* (Unterstützung), *subbūḥ* (verherrlichen) und *ism* (Name).

2. »Dein Name« ist *Allāh,* der alle Namen in sich vereinigt.

3. Anspielung auf den Koranvers 36:83 KK: »Preis sei Dem, in Dessen Hand die Herrschaft über alle Dinge ist.«

4. Das Wort *qā'im* (selbst-daseiend) stammt von der Wurzel *q-w-m,* welche eine Grundbedeutung von »aufrecht stehen« hat, woraus sich wiederum die Bedeutung »daseiend« oder »existierend« oder »bestehend« ableitet. Dies entspricht dem vertikalen Erscheinungsbild des Buchstabens *alif.*

5. Die beiden Pronomen »er« und »ich« bezeichnen alle Abwesenden und Anwesenden mit Ausnahme Dessen, Der angesprochen wird.

6. Dies ist der Zustand des allen Namen Hilfeleistens. »*Ṣamad* ist die Präsenz, in der die Wirkungen der Namen deutlich sind« (*Kaschf,* 68). »Dies ist die Präsenz von Zuflucht und Vertrauen (*al-iltidschā' wa-l-istinād*), auf deren Hilfe jeder in Not zurückgreift« (*Futūḥāt* IV:295). Hier wird auch auf die 112. Sure, *al-Ichlāṣ,* angespielt, in der *Allāh* zuerst als »einzig« (*aḥad*) und dann als »ewige Hilfe« (*ṣamad*) beschrieben wird.

7. Die Wurzeln *ḥ-r-k* (Bewegung) und *s-k-n* (bewegungslos) beziehen sich auch auf die Vokalisierung und Nichtvokalisierung der Buchstaben.

8. So wie die *qibla* die von den Muslimen einzuhaltende Gebetsrichtung definiert, kann der Name *Allāh* als *qibla* der Namen verstanden werden, denn jeder von ihnen bezieht sich oder ist ausgerichtet auf Ihn. *Allāh* ist ebenso der Vereiniger, Versammler oder Zusammenführer (*dschāmi'*) aller Namen, insofern sie letztlich alle identisch sind mit Ihm. Auf dieselbe Weise ist auf dem Feld der Buchstaben der *alif* sowohl *qibla* als auch Vereiniger.

9. Eine Anspielung auf die Geschichte von Moses auf dem Berg Sinai im Koran 20:9–14 KK: »Ist dir nicht die Geschichte von Moses zu Ohren gekommen? [Damals] als er ein Feuer sah und zu seinen Angehörigen sagte: ›Bleibt [hier stehen]! Ich habe ein Feuer wahrgenommen. Vielleicht kann ich euch davon ein Stück Glut (*qabaṣ*) bringen oder finde ich am Feuer [oder: aufgrund des Feuers] den rechten Weg [oder: die Rechtleitung (*hudā*)]‹. Als er dann hinkam, wurde ihm zugerufen: ›Moses! *Ich* bin dein Herr. Zieh deine Sandalen aus! Du befindest dich im heiligen Tal Tuwā. Und Ich habe dich auserwählt. Höre nun auf das, was dir hiermit [als Offenbarungsauftrag] eingegeben wird! Ich bin Gott. Es gibt keinen Gott außer Mir. Darum diene Mir und verrichte, Meiner [in Ehrfurcht] gedenkend, das Gebet!‹« Vergleiche auch Koranvers 28:29 ff. Bemerkenswert ist, dass die Schilderung im Koran angibt, der Stab des Moses, den er mit auf den Berg genommen hatte, sei im Göttlichen Feuer in ein lebendiges Ding verwandelt worden. Nachdem er ihn wieder aus dem Feuer genommen hatte, brachte er ihn als »brennendes Holzscheit« oder »Glutstück« mit sich hinunter, um dem Pharao die Bedeutung des einen lebendigen Gottes zu demonstrieren. Für Ibn 'Arabī ist der Stab des Moses ein direktes Symbol des Buchstabens *alif* (siehe dazu Anhang D).

10. Wir folgen hier MI, MR, MW und ML, bei denen steht: ... *hudān tuḍiḥu lahu mā amma amāmahu sayyidinā Muḥammad.* Dieser Satz ist eine eindeutige Anspielung auf die Funktion des Siegels der Heiligen, welches die innere Bedeutung der vom Propheten gebrachten Offenbarung erklärt. Alternativ steht dazu bei MP: »... der vollen Rechtleitung, die von der Führerschaft Mohammeds stammt.«

11. Dies bezieht sich auf die Göttliche Ansprache des Moses aus dem brennenden Dornbusch: Dreimal wird das Göttliche »Ich« erwähnt (Ich bin dein Herr; Ich habe dich auserwählt; Ich bin Gott), und zwar dreimal in einem Satz: *innanī ana Allāh lā ilāha illā ana.* Nach Ibn ʿArabī ist die Drei die erste »singuläre« [siehe dazu Fußnote 30, Seite 27] oder ungerade Zahl (*fard*) und direkt mit Mohammed verbunden. Vergleiche dazu auch das Kapitel »Von der Weisheit der Einzigartigkeit im Wort von Mohammed« in den *Fuṣūṣ* (*Weisheit,* Seiten 143–162).

12. Wortlaut: *yā man huwa huwa, huwa mā huwa wa-lā ana.* An dieser Stelle weichen alle Manuskripte voneinander ab, weshalb wir eine etwas gewagtere Übersetzung vorschlagen, welche die Varianten kombiniert und der unter Anmerkung 11 geschilderten Göttlichen Ansprache entspricht:

innanī ana	*Allāh*	*lā ilāha illā ana*
Wahrlich, Ich bin Ich.	Gott.	Es gibt keinen Gott außer Mir.
ya man huwa hū	*Huwa*	*mā huwa illā anā*
Oh Er, Der Er ist!	Er.	Es gibt keinen er außer Mir!

13. Gemäß MI, MR, MW und ML, bei denen steht: *wa an tuschhidanīʾl-kulla fīʾl-kull.*

14. Vergleiche Koranvers 36:83 KP: »Gepriesen sei Er, in Dessen Hand die Herrschaft über alles liegt [was existiert] und zu Dem ihr [dereinst] zurückgebracht werdet.«

15. Gemäß MI, in dem steht: *innaka anta anta.* Dies nennt das zweite Personalpronomen dreimal und entspricht damit dem dreifach repetierten Göttlichen »Ich« und »Er«.

16. Vergleiche Koranvers 6:91 KP: »Sag: Wer hat [denn] die Schrift herabgesandt, die [seinerzeit] Mose als Licht und Rechtleitung für die Menschen gebracht hat? Ihr macht sie [indem ihr Texte daraus abschreibt, eurerseits] zu Papyrusblättern, die ihr der Öffentlichkeit zugänglich macht [wörtlich: kundtut], während ihr [gleichzeitig] vieles [von der Offenbarung] geheim haltet. Ihr wurdet [ja durch die Offenbarung manches] gelehrt, was [vorher] weder ihr noch eure Väter wussten. Sag: Gott. [Aber] lass sie nun [weiter] in ihrem Geplauder [mit der Wahrheit] ihr Spiel treiben!« In den *Futūḥāt* IV:141–142 beschreibt Ibn ʿArabī diesen letzten Satz als die besondere Anrufung (*hidschdschīr*) des Abū Madyan und erklärt, dass sich das Pronomen »sie« auf die Göttlichen Namen beziehe. Jeder von diesen versucht, seine eigene Herrschaft (*ḥukm*) zu manifestieren und diskutiert mit den anderen seine eigenen Verdienste. Entsprechend würde der Vers bedeuten: Lass sie miteinander spielen und wende dich ausschließlich dem Namen *Allāh* zu, der alle Namen vereint.

17. Vergleiche Koranverse 3:1–2 KP: » *ʾlm.* Gott [ist einer allein]. Es gibt keinen Gott außer Ihm. [Er ist] der Lebendige und Beständige.« Bezüglich der drei ein-

leitenden Buchstaben dieser Sure siehe *Futūḥāt* I:61 (übersetzt von Denis Gril in *Meccan Illuminations,* Pir Press 2004, Seite 461.). In den hier und in Anmerkung 16 zitierten Koranversen kommt der Name *Allāh* besonders prominent vor.

18. Ein Widerhall der Worte Jesu in 19:33 KP: »Heil sei über mir am Tag, am Tag, da ich geboren wurde, am Tag, da ich sterben werde, und am Tag, da ich [wieder] zum Leben auferweckt werde!«, bzw. KK: »Und Friede sei über mir…«

19. MR und MW fügen noch hinzu: *wa yassarta amrī* (»Du hast meine Angelegenheit erleichtert«).

20. Vergleiche Sure *al-Inschirāḥ,* 94:1–6 KP: »Haben Wir nicht deine Brust geweitet [d.h. haben Wir dir nicht wieder Mut gemacht], dir deine Last abgenommen, die dir schwer auf dem Rücken lag, und dir dein Ansehen [wörtlich: deinen Ruf] erhöht (*rafaʿnā laka dhikraka*)? Wenn man es [einmal] schwer hat, stellt sich gleich auch Erleichterung (*yusran*) ein.«

21. Anspielung auf den Hadith: »Ich rufe die sieben Himmel und die sieben Erden als Deine Zeugen auf« (Ibn Hanbal (V.135)). Das Wort *schuhūd* hat die Bedeutung von »Zeuge« und »Kontemplation einer Schau oder Vision«.

22. Vergleiche den Hadith *aus Concordance,* Band V, Seite 320. Dieser Satz bezieht sich auf die »Nacht der Macht« [oder »Nacht der Bestimmung« bzw. »Nacht des Geschicks«] in der Sure *al-Qadr,* 97:4 KP: »Die Engel und der Geist kommen in ihr mit der Erlaubnis ihres Herrn herab, lauter Logos[wesen]«, bzw. KH: »Hinab steigen die Engel und der Geist in ihr mit ihres Herrn Erlaubnis zu jeglichem Geheiß.« Von diesem Vers heißt es, der Prophet habe ihn seiner Tochter Fatima als Rezitationsformel aufgegeben. Er ist das islamische Gegenstück zum biblischen Trisagion, der dreifachen Anrufung der Heiligkeit, die in der Ostkirche gesungen wird: »Heilig, heilig, heilig ist Gott der Herr, der Allmächtige, Der da war und Der da ist und Der da kommt« (Offenbarung 4.8, siehe auch Jesaia 6.3: »Heilig, heilig, heilig ist der Herr Zebaoth, alle Lande sind seiner Ehre voll!«).

23. Vergleiche Koranvers 33:26.

24. Anspielung auf die Geschichte des Moses, Koranvers 2:50 KP: »[Damals] als Wir euch einen Weg mitten durch das Meer machten und euch erretteten und die Leute des Pharao ertrinken ließen, während ihr zuschautet.« In MI steht: *baḥr al-hawā* (»Fluten des Verlangens«).

25. Vergleiche Koranverse 113:3 und 113:5.

26. Dies ist eine Art von Anspielung auf die Koransure 27:62 KP: »Oder wer [sonst] erhört den, der in Not ist (*al-muḍṭarr*), wenn er zu Ihm betet, und behebt das Unheil [wörtlich: das Böse] [das ihn getroffen hat] und setzt euch als Nachfolger [früherer Generationen] auf der Erde ein? Gibt es neben Gott einen [anderen] Gott? Wie wenig lasst ihr euch mahnen!« Der letzte Teil zitiert auch den Vers 17:2 KP: »Wir haben [seinerzeit] dem Mose die Schrift gegeben und sie zu einer Rechtleitung für die Kinder Israels gemacht [indem Wir ihnen geboten]: ›Nehmt außer Mir keinen Sachwalter.‹«

27. Diese Bezeichnungen sind alle Anspielungen auf koranische Stellen, an denen der Name *Allāh* besonders erwähnt wird; siehe 4:113 »herabgesandt« oder »ausgeschüttet« (*anzala*), 14:7 »dankbar« (*schukr*), 14:5 und 5:16 »Finsternis« (*ẓulumāt*) und 22:52 »fallen lassen« (*nasakha*).

287. Gemäß MI, MR, MW und ML, in denen steht: *ḥāsiratan* (nicht *khāsiratan*) und *khāṣiratan* (nicht *qāṣiratan*).

29. Anspielung auf die Koranverse 57:5–6 KP: »Er hat die Herrschaft über Himmel und Erde. Und vor Gott werden [dereinst] die Angelegenheiten [alle zur letzten Entscheidung] gebracht werden. Er lässt die Nacht übergehen in den Tag, und den Tag in die Nacht.«

30. Vergleiche die Koranvers 23:95–96 KP: »Wir sind [allerdings] imstande, dich [noch persönlich] erleben [wörtlich: sehen] zu lassen, was Wir ihnen androhen. Weise die Übeltat mit etwas zurück, was besser ist [als sie]!«, bzw. KK: »... Wehre die schlechte Tat ab mit einer Tat, die besser ist«, und KH: »... Wende ab das Böse mit Gutem.«

Mittwochmorgengebet

Im Namen Gottes, des Allerbarmherzigsten
und Allergnädigsten:

Oh mein Herr, lass mir die Ehre zuteilwerden, das Leuchten Deiner reinen Heiligkeit[1] zu betrachten, und die Hilfe des Erscheinens von Macht und Autorität Deiner Nähe,[2] sodass ich mich hin und her wenden[3] lasse von der Pracht der Kenntnisse [die sich ergießen] aus Deinen Namen und diese Beweglichkeit mir die Geheimnisse enthüllen möge eines jede Atoms meines Wesens in jeder Sphäre, die ich betrachte. Möge ich auf diesem Weg Zeuge dessen werden, was Du in die sichtbaren und unsichtbaren Reiche[4] gelegt hast, und möge ich sehen, wie das Mysterium Deiner heiligen Macht[5] die Zeichen der Göttlichen Natur und der menschlichen Natur[6] durchzieht.

Gewähre mir vollkommene Gnosis und umfassende Weisheit,[7] auf dass [im Universum] nichts Erkennbares verbleibt, ohne dass ich dessen feine Fäden der Verwobenheit erkenne, die das gesamte Dasein durchziehen. Möge ich so den unergründlichen Zwang vertreiben, der die Wahrnehmung der Wirklichkeiten [Deiner] Zeichen[8] verhindert, und möge ich mir dadurch die Herzen und Gemüter frei zugeneigt machen, wahre Liebe und Freundschaft entfachen und richtiges Verhalten[9] und Führung erwecken.

Wahrlich, Du bist der Liebende, Der geliebt, und der Suchende, Der gesucht wird! Oh Du, *Der alle Herzen sich drehen und drehen lässt!*[10] Oh Du, Der allen Kummer vertreibt![11] Du bist der *Eine, Der alles Verborgene kennt,*[12] der Eine, Der alle Fehler verhüllt, der Eine, Der alle Sünden mit Vergebung bedeckt! Oh Du, Der niemals nachgelassen hat, allverzeihend zu sein! Oh Du, Der niemals aufgehört hat, zu verhüllen und zu beschützen!

Oh Vergebender! Oh Verhüllender! Oh Bewahrer! Oh Beschützer![13] Oh Verteidiger! Oh Wohltäter! Oh wahrhaft Liebevoller! Oh gnädig Nachsichtiger! Oh Allerfeinster und Gütiger! Oh Allermächtigster und Unbesiegbarer! Oh vollkommener, grenzenloser Frieden!

Vergib mir, hülle mich ein und bewahre mich. Beschütze und verteidige mich. Schenke mir Wohltat, Zuneigung und Nachsicht.[14] Sei gütig zu mir, mache mich unbesiegbar und gewähre mir Frieden und Sicherheit.

Laste mir nicht die Gemeinheit meiner Handlungen an,[15] und vergelte mir nicht das Übel meiner Taten. Berichtige mich unverzüglich durch Deine vollkommene Mildtätigkeit, und läutere mich mit der Reinheit[16] Deiner umfassenden Barmherzigkeit. Lass mich nicht stehen mit dem Bedürfnis nach irgendetwas anderem als Dir! Beschütze mich und sprich mich los. Mache meine Angelegenheit gänzlich rechtschaffen[17] und [Deiner] würdig.

Es gibt keinen Gott außer Dir! Lob sei Dir, und ich war in der Tat einer der Ungerechten![18] *Du bist der Allerbarmherzigste der Barmherzigen!*[19]

Möge der Segen Gottes über unserem Meister Mohammed sein und über seiner Familie und seinen Gefährten; sie alle seien gegrüßt. *Friede sei mit den Gesandten. Und Lob sei Gott, dem Herrn der Welten.*

Anmerkungen

1. Anspielung auf die Koranverse 21:26–27 KP: »Sie [die Ungläubigen] sagen: ›Der Barmherzige hat Sich Kinder zugelegt.‹ Gepriesen sei Er! [Darüber ist Er erhaben.] Sie [die Gottes Kinder sein sollen] sind vielmehr [nur] Diener (*ʿibād*) [Gottes], denen [die] Ehre (*mukramūn*) zuteilgeworden ist [in Seiner Nähe sein zu dürfen, und nicht selber Göttlicher Natur]. Sie kommen Ihm im Sprechen nicht zuvor und handeln [nur] nach Seinem Befehl«, bzw. KK: »... ›Der Erbarmer hat Sich ein Kind genommen.‹ Preis sei Ihm! Nein, es sind nur Diener, denen Ehre erwiesen worden ist...«, und KE: »Und sie sagen: ›Der Allerbarmer hat Sich Kinder genommen.‹ Preis sei Ihm! Nein! Vielmehr sind es geehrte Diener...« Dies ist ein klarer Hinweis auf Jesus, dessen Tag der Mittwoch ist. Im diesem ganzen Gebet finden wir viele Stellen, die ausgeliehen sind von dieser Sure 21 (*al-Anbiyāʾ*, »die Propheten«). Sie behandelt die von den Gesandten überbrachte Botschaft und der anschließende Richterspruch Gottes über ihre Völker, aufgrund dessen die Menschen des Glaubens erlöst und die Ungläubigen zerstört werden. Dieses Göttliche Gericht steht ganz besonders in Zusammenhang mit Jesus und seiner Wiederkunft.

2. In MI steht: »Unterstütze mich mit der Macht, Deine Nähe manifestieren zu lassen« (*biswaṭi ẓuhūri unsika*).

3. Das Wort »wenden« oder «[rastlos] hin- und herdrehen« (*taqallab*) wird von Ibn ʿArabī oft verwendet, um zu beschreiben, auf welche Art das Herz (*qalb*, aus derselben Wurzel) bewegt wird entsprechend der Weise, in der Gott Sich selbst offenbart. Dieses Fluktuieren oder diese Beweglichkeit ist das Hauptmerkmal des Herzens. Siehe dazu *Futūḥāt* II:198 und *Fuṣūṣ* (arabischer Text, Seiten 120–122; *Fuṣūṣ*, Seiten 608–609; *Bezels*, Seiten 149–150).

4. Wörtlich: »die Welten des Königreichs und des Königtums« (*mulk wa malakūt*).

5. In einigen Manuskripten lautet die Stelle: *uʿāyina sarayāna sirri qudsika*, in anderen: *sirri qudratika*. Unsere Übersetzung vereint beide Bedeutungen.

6. Genau diese beiden Aspekte, die Göttliche Natur und die menschliche Natur, sind es, die in der Erscheinung Jesu zu Missverständnissen Anlass gegeben haben. Siehe dazu das Kapitel über die Weisheit der Erhebung im Wort Jesu in den *Fuṣūṣ* (*Weisheit*, Seiten 92–107).

7. Eine Anspielung auf die Tatsache, dass Jesus das Siegel der universellen Heiligkeit ist, dessen Weisheit alle Voraussetzungen der Heiligkeit umfasst. Siehe zum Beispiel *Futūḥāt* II:9 sowie MICHEL CHODKIEWICZ: *Seal oft he Saints*, Cambridge 1993, Kapitel 8. In einigen Manuskripten, etwa in den Randbemerkungen in MP und MI, sowie in MR und MY steht: *ḥikmatan bālighatan ʿammatan* (»vollendete [oder: treffliche] umfassende Weisheit«); dies ist ein koranischer Ausdruck (Vers 54:5).

8. Vergleiche den Koranvers 21:5 KP, in dem sich die Leute beklagen: »Er [Mohammed] soll uns doch ein Zeichen bringen, wie die Früheren [Gesandten] gesandt worden sind«, wie auch 21:91 KP: »Da bliesen Wir ihr [Maria] Geist von Uns ein und machten sie und ihren Sohn zu einem Zeichen für die Menschen in aller Welt.«

9. Koranvers 21:51 KP: »Und [schon] früher haben Wir doch dem Abraham seine richtige Einsicht [?] gegeben«, bzw. KK: »Und Wir haben zuvor Abraham zu seinem rechten Verhalten geleitet«, und KH: »Und wahrlich, dem Abraham gaben Wir seine Rechtleitung zuvor«, sowie KT: »... seine Rechtschaffenheit...«, und KE: »... seine Besonnenheit...«

10. Hadith (*Concordance,* Band V, Seite 459).

11. Die Sure 21 spricht von nicht weniger als vier Propheten, deren Gebete nach großem Kummer erhört wurden; zum Beispiel Noah in 21:76 KP: »Da erhörten Wir ihn und erretteten ihn und seine Familie aus der großen Bedrängnis (*karb al-ʿaẓīm*).«

12. Dieser Ausspruch findet sich zweimal in Sure 5 (*al-Māʾida,* »der Tisch«). Das erste Mal wird er von allen Gesandten geäußert, wenn sie am Tag des Gerichts befragt werden; 5:109 KP: »Am Tag [des Gerichts], da Gott die Gesandten [die Er zu den einzelnen Völkern und Gemeinschaften geschickt hat, bei Sich] versammelt und Er dann sagt: ›Was wurde euch [auf eure Botschaft] geantwortet? [Habt ihr Gehör gefunden?]‹ Sie sagen: ›Wir haben [von uns aus] kein Wissen [darüber]. Du [allein] bist es, Der über die verborgenen Dinge Bescheid weiß.‹« Das zweite Mal wird er von Jesus selbst geäußert, als dieser von Gott befragt wird; 5:116–117 KK: »Du bist es, Der die unsichtbaren Dinge alle weiß. Ich habe ihnen nichts anderes gesagt als das, was Du mir befohlen hast...«

13. Gemäß MR, MW und ML, bei denen steht: *wāqin.*

14. Nach MY, MR, MW und ML, die anfügen: *wa-rʾaf bī.*

15. Einer von drei Sätzen in diesem Teil des Gebets, welche die Schlussverse der Sure *al-Baqara,* »die Kuh« (2:285–286), in Erinnerung rufen, in denen bestätigt wird, dass keine Unterschiede gemacht werden sollen zwischen Seinen Gesandten, und allen gläubigen Menschen das folgende Gebet aufgegeben wird (KP): »... Herr! Belange uns nicht, wenn wir vergesslich waren oder uns versehen haben! Herr! Lad uns nicht eine erdrückende Verpflichtung auf, wie Du sie denen aufgeladen hast, die vor uns lebten! Herr! Belaste uns nicht mit etwas, wozu wir keine Kraft haben! Verzeih uns, vergib uns und erbarme Dich unser!...«

16. Siehe Koranvers 38:46 KH: »Siehe, Wir reinigten sie [Abraham, Isaak und Jakob] mit Reinheit, da sie der Wohnung [des] Paradieses gedachten.«

17. Die Sure 21 spricht an vielen Stellen davon, die Propheten seien »rechtschaffen« (*ṣāliḥ*). Zusätzlich wird diese Eigenschaft in zwei Versen auch anderen zugesprochen; 21:94 KP: »Und wenn einer handelt, wie es recht ist, und dabei gläubig ist, wird er mit seinem Eifer [dereinst bei Gott] nicht Undank ernten. Wir schreiben ihm [alles] gut«, und 21:105 KP: »... dass Meine rechtschaffenen Diener [dereinst] das Land erben werden.«

18. Vergleiche Koranvers 21:87 KP: »[Damals] als er [Jonas] zornig wegging und meinte, Wir hätten keine Gewalt über ihn. [Schließlich verschlang ihn der Fisch.] Und er rief in der Finsternis: ›Es gibt keinen Gott außer Dir. Gepriesen seist Du! Ich war einer von den Frevlern.‹ Da erhörten Wir ihn und erretteten ihn aus der Bedrängnis [wörtlich: vom Kummer]. So erretten Wir [immer wieder] die Gläubigen«, bzw. KK: »... Ich war einer von denen, die Unrecht tun...«, und KH: »... Ich war einer der Sünder...«, oder KE: »... Ich gehöre zu den Ungerechten...«

19. Dies bezieht sich auf die Koranverse 21:83–84 KP: »[Damals] als er [Hiob] seinen Herrn anrief [mit den Worten]: ›Not [und Unheil] ist über mich gekommen. [Erbarme Dich meiner!] Niemand ist so barmherzig wie Du.‹ Da erhörten

Wir ihn und behoben die Not, in der er sich befand [und das Unheil, das über ihn gekommen war]. Und Wir gaben ihm seine Familie [wieder] und noch einmal so viel dazu, aus Barmherzigkeit von uns und als eine Mahnung für diejenigen, die [Uns] dienen«, bzw. KK: »... Du bist der Barmherzigste der Barmherzigen...« Der Ausdruck findet sich auch im Gebet des Moses in 7:151 KP: »Er sagte: ›Herr! Vergib mir und meinem Bruder und lass uns in Deine Barmherzigkeit eingehen! Niemand ist so barmherzig wie Du.‹«, bzw. KH: »... denn Du bist der Barmherzigste der Barmherzigen.‹«

Donnerstagabendgebet[1]

Im Namen Gottes, des Allerbarmherzigsten
und Allergnädigsten:

Oh mein Meister, Du bist der Komponist der Ursachen und ihr Arrangeur wie auch der Dirigent der Herzen und ihr Verwandler. Ich erbitte von Dir, bei der Weisheit, welche die Anordnung der ersten Ursachen und die Wirkung des Höchsten auf das Niedrigste bestimmt, Du mögest mich die befohlene Ordnung der aufsteigenden und absteigenden Ursachen bezeugen lassen, sodass ich dadurch ihr Inneres erfahre im Erleben ihres Äußeren und die erste von ihnen in der letzten. Lass mich die Weisheit der befohlenen Ordnung schauen, indem ich Zeuge werde ihres Arrangeurs und dessen, wie der Erschaffer der Ursachen vor der Ursächlichkeit in Raum und Zeit vorausgeht, sodass ich nicht verschleiert bin vor dem *ʿayn* [der Essenz] durch den [Punkt des] *ghayn* [des Andersseins].[2]

Oh mein Gott, gewähre mir den Schlüssel des [hörenden] Ohrs,[3] die *Höhle* mystischer Erkenntnis, auf dass ich in jeglichem Anfang zu reden weiß[4] durch Deinen Namen »der unvergleichliche Erfinder«, mit welchem Du jede verfasste *Inschrift* eröffnest.[5]

Oh Du, durch Dessen erhabene Namen jeder, der sich selbst erhöht, auf den Boden zurückgebracht wird! Alles ist durch Dich, und Du bist ohne [Bedürfnis nach] uns.[6] Du bist der ursprüngliche Erfinder von allem und sein Erschaffer.

Dir, oh makelloser Urheber,[7] gehört das Lob für jeden Anfang! Dir, oh ewig Beständiger, gebührt der Dank für jedes Ende! Du bist der Eine, Der alles Gute aus dem Innersten alles Inneren hervor- und bis in die äußerste Ausdehnung aller Dinge hinausbringt, der umfassende Ernährer aller Wesen.

Oh Gott, begieße mich mit Segen auf alle Zeiten bis zum letzten Ende, so wie Du Mohammed und Abraham gesegnet hast.[8]

Wahrlich, dies geschieht von Dir und zu Dir, und es geschieht im Namen Gottes, des Allerbarmherzigsten und Allergnädigsten,[9] *des unvergleichlichen Erfinders der Himmel und der Erde! Wenn Er ein Ding befiehlt, sagt Er zu ihm: »Sei!«, und es wird.*[10]

Oh mein Gott, Du bist der fest errichtete Grund vor allen Konstanten und der ewig erklingende Dauerlaut nach allen Rednern und Schweigern. Es gibt keinen Gott außer Dir, und es gibt nichts Daseiendes, das anders wäre als Du!

Dir gehören die Großartigkeit, die Macht, die Herrlichkeit und das Königreich! Du überwältigst die Tyrannen und machst den Betrug der Ungerechten zunichte; Du versprengst die Versammlung der Fehlgeleiteten und beugst die Nacken der Überheblichen.

Ich erbitte von Dir, oh Du, Der jeden Sieger überwältigt, oh Du, Der jeden Flüchtenden einholt: [Lege mir] den Mantel Deiner Pracht [um], den Gürtel Deiner Majestät[11] und den Schirm Deines Ehrfurchtgebietens und alles, was darüber hinausgeht und was niemand kennt außer Dir, sodass ich ehrfürchtig gekleidet bin in Dein Achtungeinflößen, dem die Herzen Hochachtung und Verherrlichung bezeugen und vor dem *sich die Augen* in Ehrerbietung *senken.*[12] Mache mich zum Gebieter über den Schopf eines *jeden eigensinnigen Tyrannen*[13] und *rebellischen Satans,*[14] deren *Stirnlocken*[15] in Deiner Hand sind. Halte mich bei all dem in der Bescheidenheit der Dienerschaft, beschütze mich vor dem Abgleiten [von der Wahrheit] und Fehltritten[16] und hilf mir in Wort und Tat.

Du selbst bist es, Der die Herzen beruhigt und Erlösung gewährt von Besorgnis! Es gibt keinen Gott außer Dir.

Möge der Segen Gottes über unserem Meister Mohammed sein und seiner ganzen Familie und all seinen Gefährten. *Und Lob sei Gott, dem Herrn der Welten.*

Anmerkungen

1. Die beiden Grundbuchstaben dieses Gebets sind: *bāʾ,* wie in *sabab* (Ursache), *qalb* (Herz), *tartīb* (arrangieren), *badīʿ* (erfinden, Neues erschaffen), *bāqī* (verbleiben), *bāʿith* (initiieren), *bāṭin* (innerlich), *bāsiṭ* (Ausdehner) und *baraka* (Segen); sowie *thāʾ,* wie in *thābit* (fest begründet) und *muthabbit* (beruhigen).

2. Dies ist ein wunderbares Beispiel für Ibn ʿArabīs komplexes Verständnis der Buchstaben und ihrer Symbolik. Das Wort *ʿayn* kann entweder »Essenz«, »Quelle« oder »Auge« bedeuten, oder aber den gleichnamigen Buchstaben des Alphabets. Hier steht es für die essenzielle Wirklichkeit des Kontemplierenden. Der einzige Unterschied beim Schreiben der Buchstaben *ʿayn* und *ghayn* ist ein Punkt. Schreibt man den Buchstaben *ghayn,* kann er verstanden werden als ein *ʿayn,* das von einem Punkt verschleiert wurde, weil *ghayn* als Wort auch eine verschleiernde »Wolke« bedeuten kann. Es deutet auch auf eine Trennung (*ghayr*) von der Wirklichkeit hin. Daher erlaubt das Wissen von der Ursächlichkeit es dem Auge des Kontemplierenden, klar und ohne Verschleierung zu sehen.

3. Gemäß MI, in dem *udhn* steht. In MP steht *idhn* (Erlaubnis): Alles wird durch Gottes Erlaubnis gegeben, und Er autorisiert es durch den Befehl: »Sei!« Viele Manuskripte belassen den Text ohne Vokale, sodass beide Lesarten möglich sind.

4. Vergleiche Koran 41:21 KK: »Gott, Der alle Dinge reden lässt, hat uns reden lassen«, bzw. KP: »Gott, Der allem [Möglichen, was es in der Welt gibt] die Fähigkeit zum Sprechen verliehen hat, hat sie [auch] uns verliehen.«

5. Dieser Satz ist eine Anspielung auf die berühmten Schläfer aus den Koranversen 18:9ff KP: »Oder meinst du, dass die Leute der Höhle (*kahf*) und der Inschrift [?] (*raqīm*) [eines] von Unseren Zeichen waren, worüber man sich [besonders] wundern müsste? [Damals] als die Männer sich in die Höhle zurückzogen und sagten: ›Herr! Schenk uns Barmherzigkeit von Dir und bereite uns in [wörtlich: aus] unserer Angelegenheit einen rechten Weg!‹ Da schlugen Wir ihnen in der Höhle aufs Ohr (*ādhān*) [sodass sie für] eine [ganze] Anzahl von Jahren [betäubt waren].« Diese Jugendlichen werden üblicherweise mit den »Schläfern von Ephesus« in Verbindung gebracht, den frühen Jesus-Anhängern, die vor den Christenverfolgungen ihrer Zeit in einer Höhle Zuflucht suchten, wo sie gemäß Überlieferung Hunderte von Jahren schlafend verbrachten. Daher ist ihr physischer Rückzug von der Welt ein starkes Symbol für die vollständige innere Los-

lösung des Kontemplierenden. Ibn ʿArabī erklärt in Kapitel 205 der *Futūḥāt:* »Die Schläfer, die nicht wussten, was das Manifestierte und das Bezeugte und was die Welt ist, beschlossen, sich zurückzuziehen, um mit Gott allein zu sein. Dass die von ihnen im Dasein erfahrene Vielfachheit sie vor Gott verhüllte, veranlasste sie zur Einkehr« (*Futūḥāt* II:484). Er fügt hinzu, dass sie, wenn sie die wirkliche Situation verstanden hätten, Ihn in allen Dingen bezeugt hätten. Auch in *Ḥilyat al-abdāl* (»Die Zierde der Stellvertreter«, einem kürzeren Werk über die spirituelle Praxis) bezieht er sich darauf: »Es gibt zwei Arten von Zurückgezogenheit: erstens die der Aspiranten, die darin besteht, keinen physischen Kontakt mit anderen zu pflegen, und zweitens die der [Selbst]prüfer, bei der man keinen Kontakt mit geschaffenen Dingen im eigenen Herzen hat.«

6. Anspielung auf den Hadith: »Wir sind durch Ihn und für Ihn« (*naḥnu bihi wa lahu*); siehe *SDG*, Seite 441.

7. Gemäß mR und mW, in denen *yā bāri'* steht. In anderen Manuskripten steht *yā rabb* (oh Herr). Beide Versionen enthalten den Buchstaben *bā'*.

8. Nach mR und mW, in denen steht: *bārik allahumma ʿalayya fi'l-ākhirin, kamā bārakta ʿalā Muḥammadin wa Ibrāhīm.* Diese beiden Propheten werden traditionellerweise in den Grußformeln (*ṣalawāt*) am Ende des Ritualgebets miteinander verbunden.

9. Siehe Koranverse 27:29–31 kP: »[Bilqis] die Königin [von Saba, wörtlich: sie] sagte: ›Ihr Vornehmen! Mir ist ein achtbarer Brief zugeworfen [oder: zugestellt?] worden. Er kommt von Salomo und lautet: »Im Namen des barmherzigen und gnädigen Gottes. Seid gegen mich nicht überheblich [und aufsässig] und kommt als Muslime [oder: (demütig) ergeben] zu mir!«‹« Das Pronomen »er« in diesen Versen bezieht sich auf Salomos Brief (*kitāb*), ein Wort, das in anderen Zusammenhängen üblicherweise »das Buch« (des Korans) bedeutet. Die Verwendung dieses Zitats an dieser Stelle deutet an, dass der Göttliche Segen von Gott und zu Gottkommt, und/oder von deinem »Salomo« zu deiner »Bilqis«.

10. Nach Koranvers 2:117. Ibn ʿArabī erklärt die Erschaffung von Dingen auf die folgende Weise: »Wenn ein Ding ins Dasein gebracht wird, bedeutet dies, dass es für Gott zu einem Ort der Manifestation wird. Das ist gemeint mit: ›Und es wird.‹ Es bedeutet nicht, dass es Dasein erlangt; es erlangt nur die Eigenschaft, ein Manifestationsort zu sein« (*Futūḥāt* II:484).

11. Anspielung auf den Hadith *qudsī* (überliefert durch Muslim (*Birr* 136) und Ibn Mādscha (*Zuhud* 16)), in welchem Gott selbst sagt: »Stolz/Pracht ist Mein Mantel, und Majestät Mein Gürtel. Wer auch immer mit Mir um einen der beiden ringt, den werde Ich ins Feuer werfen« (Muḥyīddīn Ibn ʿArabī: *Mischkāt al-anwār,* Nr. 15).

12. Anspielung auf die Koranverse 79:6–9 kP: »Am Tag, da das Beben einsetzt, dem gleich darauf das nächste folgt! An jenem Tag wird [gewissen] Leuten das Herz [zum Zerspringen] hämmern, und sie werden unterwürfig [vor sich hin]blicken«, bzw. kK: »… mit gesenkten Blicken«, und kT: »… und ihre Augen werden niedergeschlagen sein.«

13. Siehe Koranvers 11:59 kP: »Das waren die ʿĀd. Sie leugneten die Zeichen ihres Herrn, waren gegen Seine Gesandten widerspenstig und folgten dem Befehl eines jeden [vom rechten Weg] abschweifenden Gewaltmenschen«, bzw. kT: »… eines jeden hochmütigen Feindes [der Wahrheit]«, und kE: »… eines jeden trotzigen Gewalthabers.«

14. Siehe Koranverse 22:3–4 KP: »Und unter den Menschen gibt es [manch] einen, der in [seinem] Unverstand über Gott streitet und [blindlings] jedem rebellischen Statan folgt. Ihm [das heißt dem Satan] ist es bestimmt [wörtlich: vorgeschrieben], wenn einer ihm sich anschließt, ihn [vom rechten Weg ab] irren zu lassen und der Strafe des Höllenbrandes zuzuführen.«

15. Bezieht sich auf den Koranvers 11:56 KP: »Es gibt kein Tier [auf der Erde], das Er nicht beim Schopfe halten würde. Mein Herr ist auf einem geraden Weg«, bzw. KT: »... kein Geschöpf ...«

16. Bei MR, MW und ML steht: *aʿṣimnī min al-khaṭa' wa'l-zalal.*

Donnerstagmorgengebet

Im Namen Gottes, des Allerbarmherzigsten und Allergnädigsten:

Oh mein Gott, Du bist der Selbst-Ständige durch Deine eigene Essenz, durch Deine Eigenschaften offenbart, mit Deinen Namen umfassend,[1] in Deinem Wirken manifestiert, und verborgen aufgrund dessen, was nur Dir bekannt ist! Du bist allein in Deiner Majestät, denn Du bist der Eine und der Einzige; und Du hast Dich selbst herausgehoben,[2] denn Du bestehst in Ewigkeit ohne Anfang oder Ende. Du, Du bist Gott, Der kraft der Einsheit Einzige im *iyyāka*[3] Angesprochene. Neben Dir gibt es keinen anderen als Dich; in Dir gibt es keinen außer Dir.

Dich, oh Gott, bitte ich um Auslöschung in Deinem Bestehen und um Bestehen durch Dich, nicht neben Dir.

Es gibt keinen Gott außer Dir!

Oh mein Gott, lass mich [von mir selbst] abwesend sein in Deiner Anwesenheit, vernichtet in Deinem Sein und ausgelöscht in Deiner Betrachtung.[4] Trenne mich von allem, was mich von Dir trennt; beschäftige mich mit Dir allein, indem Du mich abwendest von allem, was mich ablenkt von Dir.

Es gibt keinen Gott außer Dir!

Oh mein Gott, Du bist das wahrhaft Daseiende; das grundsätzlich Nichtdaseiende bin ich. Dein Bestehen ist kraft Deines Wesens; nur unwesentlich ist das meine. Also, mein Gott, überhäufe mein grundlegendes Nichtdasein mit Deinem wahren Dasein, sodass ich sein möge, wie ich war, als ich überhaupt noch nicht war, und Du sein mögest, wie Du bist und wie Du immer gewesen bist!

Es gibt keinen Gott außer Dir!

Du bist der Eine, Der *zustande bringt, was Er wünscht,*[5] während ich Dir ein Diener bin, *einer unter einigen Dienern.*[6] Oh mein Gott, Du hast mich gewünscht und Du hast durch mich gewünscht – so bin ich der Gewünschte und Du der Wünschende. Mögest Du das durch mich Gewünschte sein, sodass Du selbst der Gewünschte wirst und ich der Wünschende!

Es gibt keinen Gott außer Dir!

Oh mein Gott, Du bist versteckt in allem Unsichtbaren und offenbar in jeder konkreten Wirklichkeit,[7] wirst gehört in jeder Aussage, sei sie wahr oder falsch, und gekannt nach Maß von Einheit und Dualität. Du bist der Eine, Der genannt wird mit den von oben enthüllten Namen,[8] sodass Du verhüllt wirst vor dem Gesehenwerden durch die Augen und verborgen vor dem Begriffenwerden durch den Verstand.

Oh mein Gott, Du hast Dich offenbart in den besonderen Enthüllungen Deiner Eigenschaften, sodass sich das erschaffene Dasein in all seinen Stufen zeigt.[9] Auf jeder von ihnen wirst Du benannt nach den Wirklichkeiten alles Benannten[10] und berufst die Einsichten zu Zeugen der verwobenen unsichtbaren Wirklichkeiten der Zeichen [von allem Manifestierten] und [von allen] Erfahrungen.[11] Du hast die uranfänglichen Geister in die Ebenen des Göttlichen Wissens entlassen, wo sie verwirrt umherwandern unter den Anspielungen ihrer durchschimmernden[12] Feinheiten.[13] Wenn Du sie abgezogen hast von allem »ganz und teils«, entfernt von allem »wo und wann« und entkleidet von allem »wie viel und was«; wenn Du ihnen an den Orten ihres Nichterkennens die wesentliche Erkenntnis zu erkennen gegeben hast,[14] sie an den Göttlichen Orten der Verkündigung befreit hast durch die

Bekanntgabe Deiner als dem Herrn und alles Gefühl der Trennung von ihnen hast abfallen lassen, indem Du den Schleier des *ghayn* lüftetest, dann sind sie aufgereiht gemäß der uranfänglichen Harmonie [der Ewigkeit] auf dem Faden des *bismi 'Llāhi 'r-Raḥmāni 'r-Raḥīm.*

Oh mein Gott, wie oft flehe ich Dich an als einer, der ruft, wenn doch [in Wahrheit] Du der Eine bist, Der nach dem Rufer ruft! Wie oft flüstere ich Dir heimlich zu als einer, der Vertraulichkeiten anvertraut, wenn doch Du der Eine bist, Der Sich dem Anvertrauenden anvertraut![15]

Oh mein Gott, wenn Einssein die Essenz von Getrenntsein ist und Nähe die wahre Seele von Entfernung, wenn Wissen der Schauplatz von Unwissen sein soll und Erkennen der Sitz von Nichterkennen,[16] was ist dann das Ziel und wo der Ausgangspunkt des Weges?[17]

Oh mein Gott, Du bist es, was hinter dem Ziel jedes Suchenden ergründet wird, was in den Augen des Leugners wahrgenommen wird, was in der Trennung dessen, der sich [selbst] entfernt, wahrhaft nahe ist. Doch hier hat Mutmaßung das Verstehen verdrängt – wer ist entfernt von wem? Wer wird von wem begehrt?[18] *»Du allein«,* sagt das Schöne in unbegrenztem Sinn, während das Unechte ruft: *»Der Eine, Der alles, was Er erschuf, gut und schön gemacht hat.«*[19] Ersteres ist ein Ziel, an welchem das Reisen zu einem Halt kommt, und Letzteres ist ein Schleier aufgrund der Vorstellung, es gäbe anderes [als Dich].

Oh mein Gott, wann wird der Intellekt frei sein von den Fesseln der Beschränkung?[20] Und wann wird das Auge des Denkens fähig, die reinen Schönheiten der essenziellen Wirklichkeiten zu erhaschen? Wann wird das Verstehen abgetrennt von der Wurzel der Unwahrheit? Und wann wird die Vorstellungskraft von den Strängen[21] und Fallstricken gelöst, die sie ans Beigesellen binden? Wann wird das Begriffsvermögen sicher sein vor den Schismen des

Trennens? Und wann wird die kostbare Seele frei von den Eigenschaften ihrer kreatürlichen Natur?

Oh mein Gott, gehorsame Werke bringen Dir keinen Nutzen, noch schadet Dir ungehorsames Handeln. In der Hand Deiner allmächtigen Souveränität liegt die Befehlsgewalt über die Herzen und die Stirnlocken, und *zu Dir wird die ganze Angelegenheit zurückgebracht*[22] ohne Unterscheidung zwischen Gehorsam und Ungehorsam.

Dich, oh mein Gott, Dich lenkt keine Sache von irgendeiner anderen ab!

Dich, oh mein Gott, Dich beschränkt nicht Notwendigkeit, noch begrenzt Dich Möglichkeit. Unklarheit verhüllt Dich nicht, noch erklärt Dich Klarheit!

Dich, oh mein Gott, Dich bestätigt kein Zeugnis der Vernunft, noch belegt Dich ein logischer Beweis!

Für Dich, oh mein Gott, deckt sich die Ewigkeit ohne Anfang und ohne Ende mit Deiner Wirklichkeit!

Oh mein Gott, was ist dieses »Du« und »Ich«? Was ist dieses »Er« und »Sie«?

Oh mein Gott, soll ich Dich in der Vielzahl suchen oder in der Einheit? Wie lange werde ich auf Dich warten müssen? Und wie soll dies gelingen, wenn doch ein Diener ohne Dich weder Bereitschaft hat noch Unterstützung?

Oh mein Gott, mein Bestehen *durch* Dich besteht in meiner Auslöschung – [aber in meiner Auslöschung] von mir selbst, oder in Dir, oder durch Dich? Wird also meine Auslöschung durch Dich verwirklicht, oder bilde ich sie mir ein, oder umgekehrt, oder beides zugleich? Und ist es ebenso mit meinem Bestehen *in* Dir?

Oh mein Gott, mein Schweigen ist eine Stummheit, die Taubheit erfordert, und mein Sprechen ist eine Taubheit, die Stummheit erfordert! Verwirrung in allem, doch es gibt keine Verwirrung [in Dir].

Im Namen Gottes: *Gott ist mein Herr.*[23] Im Namen Gottes: *Gott genügt mir.* Im Namen Gottes: *Es geschieht durch*

Gott. Im Namen Gottes: *Gott schenke ich mein Vertrauen.* Im Namen Gottes: *Gott flehe ich an.* Im Namen Gottes: *Es gibt keine Macht oder Kraft außer durch Gott.*

Unser Herr, in Dich legen wir unser Vertrauen; zu Dir kehren wir zurück; zu Dir kommen wir heim.[24]

Oh Gott, ich erbitte von Dir durch das Mysterium Deines Befehls[25] und die Großartigkeit Deines Erlasses, durch das allumfassende Verständnis Deines Wissens, durch das besondere Vorrecht Deines Willens, durch die Wirksamkeit Deiner Macht, durch die Durchdringungskraft Deines Hörens und Sehens,[26] durch die selbsterhaltende Gegenwart Deines Lebens und durch den unumstößlichen Charakter Deiner Essenz und Deiner Eigenschaften.[27]

Oh Gott, oh Gott, oh Gott! Oh Erster, oh Letzter! Oh Offenbarter, oh Verborgener! Oh Licht, oh Wahrheit, oh Alleroffensichtlichster![28]

Oh Gott, adle mein geheimes Herz mit den Geheimnissen Deines Einsseins! Heile meinen Geist mit den heiligen Enthüllungen Deiner Eigenschaften! Reinige mein Herz mit den reinen Erkenntnissen Deiner Göttlichkeit!

Oh Gott, lehre meinen Verstand die Wissenschaften Deines geheimen Wissens[29] und erfülle meine Seele mit dem Duft der Tugenden Deiner Herrschaft! Schärfe meine Sinne durch das erleuchtende Ausstrahlen der Erscheinungen Deines strahlenden Lichts! Befreie die quintessenziellen Edelsteine meiner Körperlichkeit von den Einschränkungen der äußeren Natur, von den Verkürzungen der Sinneswahrnehmung und von der Einengung durch Ort und [phänomenale] Welt!

Oh mein Gott, entrücke mich von den hinabführenden Stufen meines geschaffenen Wesens zu den aufsteigenden Treppen[30] Deiner Wahrheit und essenziellen Wirklichkeit. Du bist mein Freund und Meister: In Dir sterbe ich und von Dir ergreife ich das Leben. *Dich allein beten wir an, und Dich allein bitten wir um Hilfe.*[31]

Schaue auf mich, oh Gott, mit jener Behutsamkeit, mit der Du alle meine Stadien zu einer harmonischen Entwicklung ordnest, mit der Du das innere Herz läuterst, in dem meine Geheimnisse erscheinen, mit der Du die meiner gedenkenden[32] Geister zur Höchsten Versammlung[33] erhebst und mit der Du das Leuchten meines Lichts verstärkst.[34]

Oh Gott, lass mich Deiner ganzen Schöpfung fernbleiben und vereinige mich mit Dir durch Deine wahre Wirklichkeit. Halte mich beschäftigt mit den Erledigungen Deines Befehls in den Myriaden von Welten Deiner Unterschiedlichkeit.

Oh Gott, an Dich richte ich mich um Hilfe, zu Dir wende ich mein Gesicht, Dich bitte ich und Dir, und keinem anderen als Dir, gilt mein wahres Begehren! Nichts anderes erbitte ich von Dir als Dich, um nichts anderes ersuche ich Dich als um Dich allein!

Oh Gott, ich flehe Dich an, darauf zu antworten durch jenen höchst ehrwürdigen Fürsprecher, die größte Exzellenz, den nächsten Geliebten, den allerfürsorglichsten Freund, den erlesenen Mohammed, den durchlauchtig Reinen und [von Gott] vollständig Angenommenen, den auserwählten Propheten. Für ihn bitte ich, Du mögest ihn segnen mit der Gnade immerwährender Ewigkeit ohne Anfang und ohne Ende, mit dem fortwährenden, beständigen, Göttlichen und herrlichen Segen. Lass mich [in dieser Gnade] die Wirklichkeit seiner Vollkommenheit bezeugen[35] und lass mich ein Raub der Versunkenheit in die Erkenntnisse seines Wesens werden. Und [möge dieser Segen] ebenso über seiner Familie und seinen Gefährten [sein], denn Du bist darin Meister!

Es gibt keine Macht und Kraft außer durch Gott, den Hohen, den Großartigen. Und Lob sei Gott, dem Herrn der Welten.

Anmerkungen

1. Der Begriff *muḥīṭ* (umfassend) wird gewöhnlich mit dem Thron verbunden (*al-ʿarsch al-muḥīṭ*) oder mit dem Ozean (*al-baḥr al-muḥīṭ*) wie auch mit dem Namen *Allāh* (Koran 4:162). Siehe *Futūḥāt* III:514: »der Name *Allāh*, der alle Namen umfasst.«

2. Die Worte »Du hast Dich selbst herausgehoben« [oder »vereinzelt«] (*tafarradta*) werden hier in Kontrast zum Alleinsein und zur Göttlichen Einheit verwendet. Die Wurzel *fard* steht in Ibn ʿArabīs Denken mit der Zahl Drei in Beziehung und impliziert eine Dreifachheit von Aspekten innerhalb des Einsseins, zum Beispiel: Wissender, Gewusstes und Wissen, oder: Liebender, Geliebter und Liebe (siehe dazu *Kitāb al-mīm*, Seiten 3–4).

3. Der Ausdruck *iyyāka* kommt zweimal im Koran vor, und zwar im fünften Vers der Eröffnungssure *al-Fātiḥa*, und bezieht sich auf das Göttliche »Du«: *iyyāka naʿbudu wa iyyāka nastaʿīn;* siehe 1:5 KP: »Dir dienen wir, und Dich bitten wir um Hilfe«, bzw. KH: »Dir dienen wir und zu Dir rufen um Hilfe wir«, und KT und KE: »Dir allein dienen wir, und zu Dir allein flehen wir um Hilfe.« Die beiden *iyyāka* könnten sich auf die zwei Ausdrücke im nachfolgenden Satz des Gebets beziehen (»neben [oder: bei] Dir« und »in Dir«).

4. Dies erinnert an die koranische Erzählung, in der Moses betet (7:143 KP): »›Herr! Lass mich [Dich] sehen, damit ich Dich anschaue!‹«, bzw. KK: »›… zeige [Dich] mir…‹«, worauf Gott antwortet (KP): »›Du wirst Mich nicht sehen. Aber schau den Berg an! Falls er [bei Meinem Erscheinen] fest auf seiner Stelle bleibt, wirst du Mich sehen.‹ Als nun sein Herr dem Berg erschien, ließ Er ihn [durch Seine bloße Gegenwart] zu Staub zerfallen. Und Moses fiel [wie] vom Blitzschlag getroffen [bewusstlos] zu Boden.« Das ist eine Darstellung der Auslöschung *par excellence.* Eine umfassende Erörterung dieser Zusammenhänge findet sich im Beitrag Michel Chokiewicz: "The Vision of God according to Ibn ʿArabī", in *Prayer & Contemplation,* Seiten 53–67.

5. Siehe Koranverse 85:13–16 KP: »Er erschafft [die Menschen] ein erstes Mal [zur Existenz im Diesseits] und wiederholt [später] die Schöpfung [bei der Auferweckung zur Existenz im Jenseits]. Er ist [aber] auch Einer, Der liebreich ist und bereit zu vergeben. [Er ist] der Herr des Thrones, des Preises würdig und tut [immer], was Er will.«

6. Das bezieht sich auf den Koranvers 18:65 KP: »Da fanden sie einen von Unseren Dienern, dem Wir Barmherzigkeit von Uns hatten zukommen lassen, und den Wir Wissen von Uns gelehrt hatten.« Dies ist eine Anspielung auf Chiḍr, den die Überlieferung in der koranischen Geschichte als Begleiter Mose kennt.

7. Oder »offenbar für jedes Auge« (*ʿayn*). Hier geht es um den Kontrast zwischen dem Versteckten oder Nichtmanifestierten (*ghayb*), was das Verhülltsein gegenüber der Wahrnehmung impliziert, und der wahrnehmbaren oder wahrnehmenden Wirklichkeit.

8. Wörtlich: »den herabgestiegenen Namen« (*asmāʾ al-nuzūl*), womit die Namen gemeint sind, mit denen Gott Sich selbst in Offenbarungen benannt hat. Diese Namen werden nicht vom Menschen aufgrund eigener Einsichten oder Urteile vergeben. Siehe dazu *Futūḥāt* II:232.

9. In MI und MW steht: »… sodass Du Dich in den Stufen des erschaffenen Daseins offenbart hast« (*fa-ta ʿayyanta fi marātib al-mawdschūdat*).

10. Ibn ʿArabī unterscheidet zwei Arten von Göttlichen Namen: die uranfänglichen Namen selbst und die aus Buchstaben zusammengesetzten Namen der Namen. Siehe dazu zum Beispiel *Futūḥāt* II:122, II:684 und IV:214.

11. Gemäß MI, in dem steht: *haqāʾiq al-āyāt wa ghuyūb al maʿsūmāt.*

12. Im Sinne seiner arabischen Wurzel deutet das hier mit »durchschimmern« übersetzte Wort *suryānī* die Vorstellung von Durchdringung und Ausschüttung (*sarayān*) an sowie von der nächtlichen Reise (*isrāʾ*) und von Geheimnis oder Mysterium (*sirr*). Auch stammt es vom Sanskrit-Wort *surya* ab, was »Sonne« bedeutet. Es verweist auf eine anfängliche »Sonnensprache«, von der die islamische Tradition annimmt, dass sie von Adam im Paradies gesprochen worden sei. In den *Futūḥāt* stellt Ibn ʿArabī eine Verbindung her zwischen der Station des *suryānī* (*maqām al-suryānī*) und der ursprünglichen adamischen Natur des Menschen (*Futūḥāt* II:690 ff). Wir folgen hier MI, MR, MW und ML, in denen steht: *laṭāʾifihāʾl-suryāniyya;* in MP hingegen steht: *laṭāʾifihāʾl-rabbāniyya* (»ihrer herrlichen Feinheiten«).

13. MR fügt noch hinzu: *waʾl maschāhid al-nūrāniyya* (»und [von allen] strahlenden Orten der Schau«).

14. Dies bezieht sich auf den Hadith über Gottes Selbstverwandlung in die Formen. In seinem Kommentar zu diesem Hadith schreibt Ibn ʿArabī: »Bei der Auferstehung wird Sich der Wahre offenbaren und sagen: ›Ich bin euer Herr.‹ Sie werden Ihn sehen, aber Ihn dennoch verleugnen und Ihn nicht als ihren Herrn anerkennen; und dies trotz der Tatsache, dass sie Ihn, weil der Schleier gelüftet wurde, wirklich sehen. Wenn Er Sich für sie [dann] in das Zeichen verwandelt, durch das sie Ihn erkennen, werden sie zu Ihm sagen: ›Du bist unser Herr.‹ Und doch ist Er genau derselbe, Den sie [vorher] verleugnet haben und vor Dem sie Schutz suchten, genauso wie Er derjenige ist, Den sie [nun im Zeichen] anerkennen und wiedererkennen« (*Futūḥāt* III:540–541, übersetzt in *SDG,* Seite 215).

15. Siehe Koranvers 50:41 KP: »Und lausche am Tag, da einer [wörtlich: der Rufer] aus der Nähe ruft«, bzw. KH: »Und horche auf den Tag, da der Herold von naher Stätte ruft.« Die Wurzel *n-d-w* (»rufen«) impliziert eine offene Ansprache oder Ankündigung aus einer Distanz, und dieser Koranvers spricht von dem Tag, an dem diese »übliche« Situation verkehrt wird. Die Wurzel *n-j-w* (»anvertrauen«) deutet andererseits auf ein privates, vertrauliches Gespräch in sicherer Nähe hin. Diese beiden Aspekte kennzeichnen Moses' Frage an Gott in einem bekannten Hadith (zitiert in *Mischkāt,* Nr. 43): »Oh Gott, bist Du fern, sodass ich nach Dir rufen soll? Oder bist Du nah, sodass ich mich Dir anvertrauen soll?« Gott antwortete: »Ich verkehre mit dem, der Meiner gedenkt, und Ich bin bei ihm.« Moses fragte: »Welches Werk liebst Du am meisten, oh Herr?« Er erwiderte: »Dass du das Gedenken Meiner in jedem Zustand fortsetzt.«

16. »Und Erkennen der Sitz von Nichterkennen« könnte, in Bezug auf einen grammatikalischen Kontrast, auch übersetzt werden als: »Und das Bestimmte der Sitz des Unbestimmten«.

17. Vergleiche diesen Absatz mit dem folgenden Auszug aus dem Kapitel über Noah in den *Fuṣūṣ:* »Der Mensch, der sich wundert und staunt (*ḥayra*), sieht ein Drehen, und die Kreisbewegung verläuft stets um den Pol [oder das Zentrum des Kreises], den er nie verlässt. Der Mensch des abgesteckten Weges [hingegen] wendet sich stets ab von der [wahren] Richtung und Absicht, sucht [anderswo], was

[tatsächlich] bereits in ihm ist, und setzt sich seine Vorstellung als Ziel. Solch einer hat einen Ausgangspunkt [ein »Von«] und eine Destination [ein »Nach«] und was auch immer zwischen diesen beiden liegt; während es für denjenigen der Kreisbewegung keinen Anfang gibt, an dem er festhalten müsste, noch ein Ende, das er sich einreden könnte, weil er das vollkommenste Wesen besitzt und ihm die Gesamtheit der Worte und Weisheiten gewährt wurde« (arabischer Text, Seite 73; *Fuṣūṣ,* Seiten 314–316; *Bezels,* Seite 79).

18. Gemäß MR und MW: *fa-man al-mubʿad wa-man al-mutabāʿid.*

19. Koranvers 32:7.

20. Hier liegt im arabischen Original ein Wortspiel vor mit zwei Wörtern aus derselben Wurzel: »Intellekt« (*ʿaql*) und »Fesseln« (*ʿiqal*). Der Intellekt ist diejenige Fähigkeit, welche Dinge miteinander verbindet.

21. Nach MI, MR, MW und ML, in denen *awṣāl* (Bänder) steht statt *awḥāl* (Klemme).

22. Siehe Koranvers 11:123 KP: »... Und vor Ihn wird alles [wörtlich: die ganze Angelegenheit] [zur letzten Entscheidung] gebracht werden.« Wie im Vers 11:56 KT erwähnt, »bewegt sich kein Geschöpf [auf Erden], das Er nicht an der Stirnlocke hielte. Siehe, mein Herr ist auf dem geraden Weg.« Für Ibn ʿArabī bedeutet dies, dass alle Wesen, ob nun gehorsam oder ungehorsam, auf dem geraden Weg sind. Vergleiche die folgende Stelle aus dem Kapitel über den Propheten Hūd in den *Fuṣūṣ:* »Es gibt zwei Arten von Menschen. Die einen gehen auf einem Weg, den sie kennen und dessen festgesetzten Endes sie sich ebenso bewusst sind wie der Tatsache, dass er ein gerader Weg ist. Die andere Gruppe geht auf einem Weg, ohne diesen und sein festgesetztes Ziel zu kennen, und dennoch ist es genau derselbe Weg, den die erste Gruppe kennt« (*Fuṣūṣ:* arabischer Texte, Seite 108; *Bezels,* Seite 132).

23. Das bezieht sich auf die Koranverse 40:27–28 KP: »Mose sagte: ›Ich suche bei meinem und eurem Herrn Zuflucht vor jedem, der sich hochmütig gebärdet und nicht an den Tag der Abrechnung glaubt.‹ Ein gläubiger Mann von den Leuten Pharaos, der seinen Glauben [vor seinen Landsleuten] verborgen hielt, sagte: ›Wollt ihr einen Mann töten, [nur] weil er sagt: »Mein Herr ist Gott«, wo er doch mit den klaren Beweisen von eurem Herrn zu euch gekommen ist?‹« MI und MW fügen davor noch hinzu: *Bismi ʾLlāh rabbi Allāh.*

24. Koranvers 60:4 KP: »... Herr! Auf Dich vertrauen wir, und Dir wenden wir uns [bußfertig] zu. Bei Dir wird es [schließlich alles] enden.« Dies ist das Gebet Abrahams und seines Volkes.

25. In MI, MR und MW steht: »das Mysterium Deines Befehls« (*bi-sirr ismika*).

26. In seiner *Kaschf* (27–28) bittet Ibn ʿArabī um die durchdringende Kraft (*nufūdh*) dieser beiden Fähigkeiten in einer uneingeschränkten Ausprägung (*iṭlāq*).

27. Es ist bemerkenswert, dass dieser Satz sich auf alle wesentlichen Eigenschaften des Göttlichen Selbsts bezieht: Leben, Wissen, Macht, Wille, Rede (hier erwähnt als »Befehl« und »Erlass«, wie im Wort: »Sei!«), Sehen und Hören.

28. Diese Kombination Göttlicher Namen erinnert an zwei Koranstellen, nämlich 57:3 KP: »Er ist der Erste und der Letzte, [deutlich] erkennbar [wörtlich: sichtbar] und [zugleich] verborgen«, sowie 24:25 KP: »An jenem Tag wird Gott ihnen ihre wahre Schuld [?] voll heimzahlen, und sie werden erkennen [wörtlich: wissen], dass Gott die reine [wörtlich: offensichtliche] Wahrheit ist.«

29. Diese Art Wissenschaft ist eine Besonderheit von Chiḍr.

30. Die arabischen Begriffe *darakāt* (hinabführende Stufen) und *daradschāt* (hinaufführende Stufen) implizieren eine Anspielung auf die Redewendung: *daradschāt al-ḥayāt wa darakāt al-mawt* (»der Aufstieg des Lebens und der Abstieg des Todes«).

31. Koranvers 1:5.

32. Gemäß MI und MR, in denen *ʿadhkārī* steht.

33. Die Höchste Versammlung ist jene der Engel um den Thron, beschrieben in den Kornaversen 37:6–8 KP: »Wir haben den unteren [wörtlich: den (der Erde) nächsten] Himmel mit dem Schmuck der Sterne versehen und [diese auch] zum Schutz vor jedem rebellischen Satan [bestimmt]. Die Satane [wörtlich: Sie] können [auf diese Weise] dem obersten Rat [der Engel] nicht zuhören«, bzw. KK: »... So können Sie der obersten Ratsversammlung nicht lauschen«, und KH: »... Auf dass sie nicht belauschen die hehrsten Fürsten [d.h. die Engel]«. Es besteht auch eine implizite Anspielung auf den berühmten Hadith: »Wenn einer sich Meiner in sich selbst erinnert, erinnere Ich Mich seiner in Mir selbst; wenn einer sich Meiner in einer Gesellschaft [Versammlung] erinnert, erinnere Ich Mich seiner in einer besseren Gesellschaft als jener« (*Mischkāt,* Nr. 27).

34. Wörtlich: »... mit der Du das Öl meiner Lampe anreicherst.«

35. Nach MI, MW und MY, in denen *fi schuhūd* steht anstelle von *fi ʿayn.*

Freitagabendgebet[1]

Im Namen Gottes, des Allerbarmherzigsten
und Allergnädigsten:

Oh mein Gott, alle hohen Väter[2] sind Deine Diener, und Du bist [aller] vollkommener Herr. Du vereinst die sich ergänzenden Gegensätze, sodass Du der Majestätische und auch der Schöne bist. Endlos ist Deine reine Freude an Deinem Wesen, so endlos wie Dein Betrachten seiner.[3] Du bist zu majestätisch und zu vollkommen für unsere Betrachtung, und Du bist zu fein und zu schön für unsere Beschreibung. In Deiner Majestät bist Du transzendent weit über die Unterscheidungsmerkmale des Bedingten hinaus, und Deine erhabene Schönheit ist gefeit gegen Bestürmung durch leidenschaftliche Zuneigung zu ihr.[4]

Beim Mysterium, mit dem Du die sich ergänzenden Gegensätze vereinigst, erbitte ich von Dir, dass Du für mich alles in meinem Wesen Unvereinte zusammenbringst in einem solchen Einssein, dass ich die Einheit meines Seins[5] betrachten und bezeugen möge. Bekleide mich mit der Robe Deiner Schönheit und kröne mich mit dem Diadem Deiner Majestät, sodass menschliche Seelen mir Ergebenheit entgegenbringen[6] und mir hochmütige Herzen zugeführt und die Geheimnisse des heiligsten [Ausströmens] erschlossen werden.

Erhöhe meine Stellung vor Dir, sodass alle, die sich selbst erhöhen und zur Macht aufschwingen, heruntergeholt und vor mir zur Demut gebeugt werden. Führe mich an meinem Schopf zu Dir und gewähre mir die Führung des Schopfs eines jeden mit Geist begabten [lebenden Dings], dessen Schopf Du in Deiner Hand hältst.[7]

Schenke mir eine Zunge der Wahrheit[8] in Bezug auf [die beiden Reiche] Deiner Schöpfung und Deines Befehls. Erfülle mich mit Dir und beschütze mich *auf Deinem Land und zu Deiner See.*[9] *Bringe mich hinaus aus der Stadt* der äußeren Natur, *deren Einwohner Tyrannen sind,*[10] und befreie mich von den Fesseln der geschaffenen Dinge.

Gewähre mir von Dir einen offensichtlichen Beweis, der Gewissheit verleiht, und gestatte keinem anderen Macht über mich außer Dir. Mache mich aus meiner Armut Dir gegenüber reich jenseits jeden Bedürfnisses nach jeglichem begehrten Ding, und begleite mich mit Deiner Gnade und glücklichen Unterstützung beim Erlangen jeglicher ersehnten Sache.

Du bist mein Ziel und meine Blüte; zu Dir kehre ich letzten Endes zurück. Du tröstest und heilst die Gebrochenen, und Du zerschmetterst die Tyrannen;[11] Du nimmst die Verängstigten unter Deine Fittiche, und Du überschattest die Unterdrücker mit Furcht. Dein sind die allerhöchste Ehre, die vollkommenste Enthüllung und der undurchdringlichste Schleier!

Ehre sei Dir; es gibt keinen Gott außer Dir: *Du bist, was mir genügt, und der beste Sachwalter.*[12]

So geht es, wenn dein Herr die frevelhaften Städte erfasst. Wahrlich, er fasst schmerzhaft zu und hart.[13] *Dann rächten Wir uns an denen, die sich versündigten; und es war Uns immer eine Verpflichtung, den Gläubigen zu helfen.*[14]

Oh Gott! Oh Schöpfer alles Geschaffenen! Oh Lebensspender allem Toten! Oh Du, Der alles Zerstreute versammelt und Licht wirft auf den Kern aller Dinge! Dein ist das unendlich weite Königreich, und Dein ist die höchste Ehrengarde! Herren sind Deine Sklaven, Monarchen Deine Diener, und die Reichen sind vor Dir die Armen, denn

Du bist in Dir selbst reich hinaus über jedes Bedürfnis nach einem anderen als Dir.

Ich erbitte von Dir, bei Deinem Namen, mit dem Du *jedes Ding erschaffen und bestimmt hast*[15] und mit dem Du, wem auch immer Du wünschst, *einen Garten und ein seidenes Gewand*[16] schenkst wie auch die Macht der Vizeregentschaft und *ein großes Reich:*[17] Nimm hinweg meine Gier und vervollkommne meine Unvollkommenheit; schmücke mich mit den Kleidern Deiner Gunst und lehre mich von Deinen Namen, was Göttlicher Erlaubnis und Vorschrift am besten genügt;[18] erfülle mein Inneres mit Gottesfurcht und Barmherzigkeit und mein Äußeres mit Respekt und Würde, sodass die Herzen meiner Feinde vor mir Ehrfurcht und die Gemüter meiner Freunde an mir Freude und Behagen haben.

Sie fürchten ihren Herrn über sich, und sie tun, was ihnen befohlen wird.[19]

Oh mein Herr, gewähre mir die Gabe der vollkommensten Eignung zum Empfang Deiner heiligsten Ausströmung, auf dass ich der von Dir eingesetzte Regent in Deinem Land sein und so Dein Missfallen von Deinen Dienern fernhalten möge. Wahrlich, Du berufst zu Deinem Regenten, wen immer Du willst, und *Du hast die Herrschaft über alles.*[20] Du bist *der Kundige und der Durchschauer.*[21]

Möge der Segen Gottes über unserem Meister Mohammed sein und über seiner Familie und seinen Gefährten – gegrüßt seien sie alle. *Er genügt mir und ist mein bester Sachwalter.*

Anmerkungen

1. Die beiden Grundbuchstaben dieses Gebets sind: *dschīm,* wie in *dscham‘* (vereinigen), *dschalāl* (Majestät) und *dschamāl* (Schönheit); und *khā,* wie in *khāliq* (Schöpfer), *khadama* (Aufseher), *khilāfa* (Vizeregent, Stellevertreter), *khawf*

(Angst) und *khabīr* (kundig, wissend). *Dschīm* steht auch in Beziehung zum arabischen Wort für »Freitag«, *yawm al-dschumuʿa* (Tag der Versammlung), wenn die Gemeinschaft zum Gebet zusammenkommt.

2. Ibn ʿArabī setzt den Buchstaben *dschīm* in Verbindung mit der sternenlosen Himmelskugel, der höchsten der himmlischen Sphären, die gemeinhin »die hohen Väter« genannt wird. Siehe dazu Kapitel 11 der *Futūḥāt,* »Über das Wissen unserer hohen Väter und tiefen Mütter«. Dieser Buchstabe symbolisiert den Göttlichen Namen *al-Ghanī* (der Reiche, der Unabhängige) und wird aufgrund seines Zahlenwertes von 3 für die erste der Station der Singularität (*fardāniyya*) gehalten. Siehe auch *Futūḥāt,* Kapitel 198, zuammengefasst in *SDG,* Seiten xxix ff.

3. Nach MI (Anmerkung), ML und MT, in denen steht: *lischuhūdika minka.*

4. Gemäß MI, MR, MW und MT, in denen steht: *ilayhi bi-l-schahawāt.*

5. Dies ist die bislang einzig bekannte Stelle in Ibn ʿArabīs Schriften, an welcher der Ausdruck »die Einheit des Seins« (*waḥdat al-wudschūd*) vorkommt, für die er so berühmt wurde. Hier, gemäß MR, MW und MT, in der interessanten Variante *waḥdat wudschūdī* (»die Einheit meines Seins«); in anderen Manuskripten steht *waḥdati wudschūdika* (»die Einheit Deines Seins«).

6. Gemäß MI, MR, MW und ML, in denen steht: *takhdaʿu lī ʾl-nufūs.*

7. Anspielung auf die Worte Hūds im Koranvers 11:56 KP: »Ich vertraue [meinerseits] auf Gott, meinen und euren Herrn. [Er ist allmächtig.] Es gibt kein Tier [auf der Erde], das Er nicht beim Schopfe halten würde. Mein Herr ist auf einem geraden Weg.«

8. Siehe Koranvers 26:84 KH: »Und gibt mir einen guten Namen [wörtlich: eine Zunge der Wahrheit] unter den Späteren«, bzw. KP: »Verleih mir einen guten Ruf unter den späteren [Generationen].«

9. In MT steht: *wa-ḥmilnī maḥfūẓan malḥūẓan fī barrika wa-baḥrika* (»Trage mich beschützt und bewacht über Dein Land und Meer«). Dies ist eine Anspielung auf Koranvers 17:70 KP: »Und Wir waren gegen die Kinder Adams huldreich und haben bewirkt, dass sie auf dem Festland [von Reittieren] und auf dem Meer [von Schiffen] getragen werden, [haben] ihnen [allerlei] gute Dinge beschert und sie vor vielen von denen, die Wir [sonst noch] erschaffen haben, sichtlich ausgezeichnet.«

10. Siehe Koranvers 4:75 KP: »»Herr! Bring uns aus dieser Stadt hinaus, deren Einwohner frevlerisch sind, und schaff uns Deinerseits einen Freund und einen Helfer.‹« Das war das Gesuch der Muslime in Mekka zur Zeit der großen Verfolgung, als sie den Propheten und das Volk von Medina um Hilfe baten.

11. In der *Kaschf* (Nr. 10:2) erklärt Ibn ʿArabī, dass der Göttliche Name *al-Dschabbār* (»der Eine, Der einen zwingt, die Quelle zu erkennen«) sich aus der ersten Form der Wurzel *dsch-b-r* ableitet, nicht aus der vierten. Damit versteht er ihn als »der Eine, Der wiederherstellt, zusammenbringt, zurückgibt, heilt und tröstet« und ebenso als »der Eine, Der zwingt und überwältigt«. Die letztere Bedeutung wird auch zur Beschreibung jener verwendet, die andere zwingen: die Unterdrücker, Ungerechten und Tyrannen, die im Koran geschmäht werden. Dieselbe Wurzel findet sich im Namen des Engels der Offenbarung, Gabriel (*Dschibrīl*), der als jener verstanden werden kann, der die vorangegangenen Offenbarungen »wiederherstellt«, indem er der ursprüngliche Botschaft »wieder Geltung verschafft«. Auch wird er mit dem Reich des *dschabarrūt,* dem Isthmus zwischen der Welt der Bedeutung und der Welt der Formen, in Verbindung ge-

bracht. Somit ist er ein imaginäres Wesen, das die Macht besitzt, die beiden Seiten zusammenzubringen. Siehe *Futūḥāt* II:129 für eine Definition des Begriffs *dschabarrūt* sowie *Futūḥāt* IV:325 über den Göttlichen Namen *al-Qawī* (der Mächtige).

12. Koran 3:173.

13. Koran 11:102.

14. Koran 30:48.

15. Koranvers 25:2 KP: »Er, Der die Herrschaft über Himmel und Erde hat und [Der] Sich kein Kind [oder: keine Kinder] zugelegt hat und keinen Teilhaber an der Herrschaft hat und [Der von Sich aus] alles [was in der Welt ist] geschaffen und genau bestimmt hat.« Siehe *Kaschf* (Nr. 12:2 und Nr. 3, Seite 78) für eine Erörterung der drei Stufen der Bestimmung (*taqdīr*) im Schöpfungsprozess.

16. Dies bezieht sich auf die Koranverse 76:11–12 KP: »Da bewahrte Gott sie [die Gläubigen] vor dem Unheil jenes Tages und bot ihnen Glückseligkeit und Freude dar. Und Er vergalt ihnen dafür, dass sie geduldig waren, mit einem Garten und [Kleidern aus] Seide.«

17. Das bezieht sich auf die Koranverse 76:20–21 KK: »Und wenn du dort hinschaust, siehst du Wonne und [ein] großes Königreich. Sie [die Gläubigen] haben grüne Gewänder aus Seide und Brokat an, und sie sind mit Armbändern aus Silber geschmückt. Und ihr Herr gibt Ihnen ein reines Getränk zu trinken«, bzw. KP: »... Wonne und große Herrlichkeit...«

18. Eine Anspielung auf Koranvers 2:31 KP: »Und Er lehrte Adam alle Namen.« Vergleiche dies mit folgender Aussage: »Als der Engel kam, dem Propheten eine [gesetzliche] Entscheidung oder Erkenntnis anzukündigen, stieß der menschliche Geist auf diese [engelhafte] Form und sie begegneten einander, indem der eine ganz Ohr war und der andere diktierte (*ilqā'*), und dies sind zwei Lichter (*Futūḥāt* III:39.)

19. Koranvers 16:50.

20. Koranvers 3:26.

21. Koranvers 35:31 KP: »Gott kennt und durchschaut Seine Diener.«

Freitagmorgengebet[1]

Im Namen Gottes, des Allerbarmherzigsten
und Allergnädigsten:

Oh mein Herr, lass mich die Stufen der Wissenschaft höher und höher emporsteigen. Lass mich weiter und weiter durch die Mysteriengrade der Wirklichkeiten drehen. Bewahre mich unter dem Zeltdach Deines Schutzes und dem verborgenen Geheimnis Deines Schleiers[2] vor dem Ansturm jener Gedanken, die nicht angemessen sind[3] dem Glanz Deiner Majestät.[4]

Oh mein Herr, lass mich durch Dich jede Angelegenheit bestehen. Lass mich Deine feinen Wohltaten fern und nah bezeugen. Öffne mir das Auge meiner Einsicht in die Bestimmung des Schauplatzes des Einsseins, sodass ich Zeuge werden möge, wie alle Dinge durch Dich bestehen, in einer Betrachtung, in der meine Schau losgelöst ist von allem Daseienden.

Oh Meister der Gnade und Großzügigkeit!

In den Meeren der völligen Losgelöstheit des *alif* von der Allerheiligsten Essenz[5] bade mich, oh mein Herr, mit dem, was mich von allen Bindungen entbindet, die mein Bewusstsein unterbrechen[6] und das Kapitel meines Strebens beenden.[7] Fülle mich mit der ursprünglichen Substanz[8] Ihres universellen Punktes, der aus der königlichen Unsichtbarkeit[9] Deines Wesens hervortritt, sodass ich Tinte bieten möge für die Buchstaben der erschaffenen Dinge und [ich] dabei bewahrt werden möge vor Unzulänglichkeit und Entstellung.

Oh Du, der Du alles in Barmherzigkeit und Wissen umfasst, oh Herr aller Wesen![10]

Oh mein Herr, läutere mich äußerlich und innerlich vom Makel des Andersseins und vom Verweilen auf den Stufen mittels eines Ausgießens aus Deiner reinen Heiligkeit. Entrücke mich ihnen durch mein Betrachten der Blitzlichter Deiner Vertrautheit und Bekanntschaft. Schenke mir klare Einsicht in die essenziellen Wirklichkeiten der Dinge und die feinen Einzelheiten der Formen. Lass mich das Reden der erschaffenen Wesen in allen Reichen als reinsten Lobpreis Deiner Einheit[11] hören. Zeige Dich in meinem Spiegel in einer vollkommenen Selbstoffenbarung der Namensjuwele Deiner Majestät und bezwingenden Macht, sodass kein Tyrann unter Menschen und Dschinnen auf mich schauen möge, ohne dass ihm durch den Glanz jenes Juwels [welches sich im Spiegel zeigt] das zurückgespiegelt wird, was *das Missetaten gebietende Selbst*[12] verbrennt, sie zurücktreibt in demütige Ergebenheit und *ihren Blick sich müde und entkräftet von mir abwenden*[13] lässt.

Oh Du, vor Dem *sich alle Gesichter senken*[14] und Dem sich die Halsstarrigen in vollkommener Hingabe beugen! Oh Herr der Herren! Entrücke mich, oh mein Herr, aus jeder Absonderung, die mich von der Präsenz Deiner Nähe[15] trennt. Streife mir jedwede unangemessene Eigenschaft ab, indem Du mich überwältigst mit den Lichtern Deiner Qualitäten. Banne die Dunkelheit meiner natürlichen und menschlichen Bedingtheit durch die Enthüllung eines der Blitze des Lichts Deiner Essenz.[16] Hilf mir mit einer engelhaften Kraft, die mich beherrschen lässt, was auch immer von meiner niederen Natur und meinen gemeinen Zügen mich in der Gewalt hält. Wische die Erscheinung geschaffener Dinge von der Tafel meines Verstandes und schreibe darauf aus der Hand Deiner Vorsehung das Geheimnis, das in Deiner vorangehenden

Nähe verwahrt wird, [ein Geheimnis] versteckt zwischen dem *kāf* und dem *nūn.*[17]

Preis sei Dem, in Dessen Hand die Herrschaft über alle Dinge ist und zu Dem sie zurückgebracht werden.[18]

Oh Licht aus Licht! Oh Du, Der alles überflutet aus den Regenwolken Seines heiligen Ergießens![19] Oh umfassende Hilfe! Oh Heiliger! Oh unterwerfende Macht! Oh schützender Bewahrer! Oh zartes Wohlwollen! Oh Herr aller Wesen!

Möge der Segen Gottes auf unserem Meister Mohammed sein und auf seiner ganzen Familie und all seinen Gefährten. *Und Lob sei Gott, dem Herrn der Welten.*

Anmerkungen

1. Anders als in den übrigen Gebeten lautet hier die Ansprache einfach »Herr« (*rabb*): mein Herr, Herr aller Wesen, Herr der Herren.

2. Gemäß MI, MR, MW, ML und MW, in denen steht: *wa maknūn sirri sitrika.*

3. Nach seinem Schüler al-Ḥabaschi hatte Ibn ʿArabī gesagt: »Es gibt vier Arten des Denkens (*khawāṭir*): edles [einem Herrn geziemendes], psychisches, engelhaftes und satanisches. Edles Denken schenkt dir die Kenntnis von Geheimnissen, Wissenschaften und Zuständen. Psychisches Denken spornt dich an zu erreichen, was dir weder Gutes noch Übles einbringt [...] Satanisches Denken treibt dich dazu, solches zu begehen, was dir in der Wohnstätte des Jenseits Kummer breiten wird; während engelhaftes Denken dir das eingibt, was dir an deinem letzten Ruheort Grund zur Glückseligkeit sein wird« (*Journal of the Muhyiddin Ibn Arabi Society,* Ausgabe XV, Seite 13).

4. Anspielung auf den berühmten Hadith über die Schleier: »Gott besitzt siebzig Schleier des Lichts und der Dunkelheit; würden diese gelüftet, würde die Pracht Seines Angesichts alles verbrennen, was Er von Seinen Geschöpfen erblickt.« Siehe auch *Futūḥāt* II:80 sowie für weitere Hinweise: WILLIAM C. CHITTICK: *The Sufi Path of Knowledge: Ibn al-ʿArabī's Metaphysics of Imagination,* Albany, NY, 1989.

5. Anspielung auf den Koranvers 31:27 KP: »Und wenn [alles], was es auf der Erde an Bäumen gibt, Schreibrohre wären und das Meer [Tinte, und], nachdem es erschöpft ist, sieben [weitere] Meere als Nachschub erhielte, würden die Worte Gottes nicht zu Ende gehen.« Das *alif* ist im geschriebenen Arabisch von allen nachfolgenden Buchstaben getrennt, und diese grafische Isolation symbolisiert die Losgelöstheit und Heiligkeit der Göttlichen Essenz von jeglicher Manifestation. Das *alif* versinnbildlicht auch den Stift des ersten Intellekts, der auf die Tafel der universellen Seele »schreibt«.

6. Das Wort *'adschama* bedeutet »unterbrechen« oder »interpunktieren«, aber auch »verdunkeln«. Diese Bindungen oder Verhaftungen unterbrechen und verdunkeln das Bewusstsein.

7. Wörtlich: »... und die Tür (*bāb*) schließen«. Da das Bild dieses Absatzes der Vorgang des Schreibens ist, scheint es angebrachter, von »Kapitel« zu sprechen, welches eine weitere Bedeutung von *bāb* ist.

8. *Hayūlā* bedeutet für gewöhnlich »Urmaterie« [vergleiche das Griechische *ὕλη* oder *hyle*], doch hier deutet es auch die unerschöpfliche Tinte (*midād*) an, die den Schreibstift füllt und das Mittel ist, mit welchem die Buchstaben ins Dasein gelangen. Der vollkommene Mensch ist das Tintenfass, dank welchem der Stift den Buchstaben der geschaffenen Wesen Form verleiht.

9. Nach MR, MY, MW und ML, in denen steht: *wa-sbigh 'alayya.*

10. Koranvers 40:7.

11. Gemäß MI, MR, MW, ML und MY, in denen *tawḥīdika* steht.

12. In Anspielung auf Koranvers 12:53 KP, in welchem offensichtlich Josef sagt: »›Und ich behaupte nicht, dass ich unschuldig sei. Die [menschliche] Seele verlangt [nun einmal] gebieterisch nach dem Bösen – soweit mein Herr Sich nicht erbarmt. Er ist barmherzig und bereit zu vergeben‹«, bzw. KH: »... die zum Bösen geneigte Seele (*nafs ammāra*)...«

13. Siehe Koranverse 67:3–4 KP: »Du kannst an der Schöpfung des Barmherzigen kein Versehen [oder: keine Unregelmäßigkeit] feststellen. Sieh dich noch einmal um [wörtlich: Wende den Blick zurück]! Kannst du [irgend] einen Defekt feststellen? [wörtlich: Siehst du (irgend) einen Riss?] Auch wenn du dich daraufhin [noch] zweimal umwendest, kehrt dein [wörtlich: der] Blick scheu [?] und müde zu dir zurück.«

14. Koranvers 20:111 KP: »Und die Gesichter sind [an jenem Tag in Unterwürfigkeit] vor dem Lebendigen und Beständigen gesenkt.«

15. Nach MI, MR, ML und MY, in denen steht*: ḥaḍarāti qurbika.*

16. Gemäß MI, MW und ML, in denen steht: *bāriqatin min bawāriqi nūri dhātika.* In MW erscheint dieser Ausdruck in der Randspalte.

17. Im arabischen Wort *kun* (»Sei!«) sind die beiden Buchstaben *kāf* und *nūn* miteinander verbunden, und das *wāw* der lexikalischen Wurzel (*k-w-n*) ist verborgen und implizit – es erscheint nur als ein Vokal. Im geschriebenen Wort *yakūnu* (»es wird«, im Koranzitat) erscheint das *wāw* (als *ū*) jedoch explizit. Auf dieselbe Weise erscheint das *wāw* auch, wenn Dinge durch den Göttlichen Befehl erschaffen werden (Schöpfung = *kawn*). Anderenorts bezeichnet Ibn 'Arabī das *wāw* als Symbol für den vollkommenen Menschen, der Gott und Seine Schöpfung vereinigt. Siehe Anhang D für eine genauere Beschreibung des Buchstabens *wāw.* Was konkret die hier vorliegende Aussage betrifft, siehe *Futūḥāt* II:632 (Gedicht) sowie das Gedicht des Abū Madyan (übersetzt in VINCENT CORNELL: *The Way of Abū Madyan,* Cambridge 1996): »Dein Befehl ergeht zwischen dem *kāf* und dem *nūn,* // und wird schneller ausgeführt als ein Augenzwinkern.«

18. Koranvers 36:82 KK.

19. Nach MI, MR, ML und MY, in denen steht: *yā mufīḍ al-kull min fayḍihi'l-midrār.* Jeder der folgenden Namen wird entweder direkt oder indirekt im Gebetstext erwähnt.

Samstagabendgebet[1]

Im Namen Gottes, des Allerbarmherzigsten
und Allergnädigsten:

Oh mein Meister, Dein Bestehen dauert für immer an; Dein Erlass wird durch die gesamte Schöpfung hindurch vollstreckt. Geheiligt hast Du Dich selbst in Deiner Erhabenheit; erhoben hast Du Dich selbst in Deiner Heiligkeit. Die erschaffenen Wesen *vor Schaden zu bewahren, fällt Dir nicht schwer,*[2] und was den Augen [eines jeden Wesens] enthüllt wird, ist Dir niemals verborgen. Du lädst ein zu Dir, wen auch immer Du willst, und zu Dir führst Du sie durch Dich selbst. Dir gebühren ewiger Lobpreis und herrlichste Ewigkeit.

Ich erbitte von Dir einen ›unverfälschten‹ Augenblick [des Seins][3] durch das, was Du Dir wünschst, auf eine dienliche und angemessene Weise, deren Ziel und Zweck Deine Nähe ist, die den Früchten solcher Werke [der Anbetung] entspringt, die Deiner Zufriedenheit gewidmet sind.[4] Gewähre mir das Geschenk eines funkelnden Geheimnisses,[5] das mir die Wirklichkeiten der Taten enthüllt. Zeichne mich aus mit einem Wissen, das gepaart ist mit Autorität, und einer Fähigkeit zur Anspielung, die einhergeht mit Verstehen.

Wahrlich, Du bist der Freund und Förderer desjenigen, der Dich um Förderung bittet,[6] und der Antwortende demjenigen, der sich an Dich wendet![7]

Oh mein Gott, Deine Freigiebigkeit mir gegenüber hält für immer an; lasse also meine Betrachtung Deiner [gleichermaßen] anhalten. Lass mich mein Wesen von Deinem Standpunkt aus betrachten, nicht von meinem, sodass ich durch Dich bin und nicht durch mich. Gewähre mir aus Deiner eigenen Präsenz eine vollkommene Erkenntnis, in der alle erkennenden Geister zu mir geführt werden. In der Tat bist Du der Allwissende, der Kenner [des Unsichtbaren]!

Gesegnet sei der Name deines Herrn, des Herrn der Erhabenheit und Großzügigkeit![8] *Bei Ihm sind die Schlüssel zum Verborgenen, die keiner kennt außer* Dir.[9]

Oh mein Herr, in den strahlenden Glanz Deines Lichts tauche mich ein und enthülle mir alles, was in mir verschleiert ist, sodass ich mein Dasein in all seiner wahren Vollkommenheit von Deinem Standpunkt aus bezeugen möge, nicht von meinem. So lass mich Dir nahekommen, indem verschwindet, was ich mir selbst zuschreibe, so wie Du mir nahekommst, indem Dein Licht über mir aufglänzt.[10]

Oh mein Herr, Möglichkeit ist mein wahres Attribut, Nichtexistenz meine eigentliche Substanz und Bedürftigkeit mein wahrer Wert; Deine Existenz ist meine alleinige Ursache, Deine Macht ist mein eigentlicher Urheber, und Du bist mein einziges Ziel! Deine Erkenntnis ist alles, was ich in meiner Unkenntnis brauche. Du bist genau so, wie ich Dich kenne, und dennoch weit jenseits dessen, was ich kenne! Du bist mit jedem Ding, und dennoch ist bei Dir kein Ding!

Du hast Stationen auf der spirituellen Reise bestimmt,[11] Stufen des Nützlichen und des Schädlichen[12] eingerichtet und die Pfade der Rechtschaffenheit angelegt. In alledem sind wir aufgrund von Dir, Du aber bist ohne [Bedürfnis nach] uns. Denn Du bist das reine Gute, die gänzliche Großzügigkeit, die uneingeschränkte Vollkommenheit.

Ich erbitte von Dir, bei Deinem Namen, mit welchem Du Licht[13] über die Gefäße ausstrahlst und die Dunkelheit des Unklaren vertreibst: Erfülle mein Wesen mit Licht von Deinem Licht, der Substanz eines jeden Lichts und dem wahren Ziel eines jeden Verlangens, sodass mich nichts im Unklaren darüber lassen möge, was Du in die Essenz meines Wesens gelegt hast.

Gewähre mir die Gnade einer *Zunge der Wahrhaftigkeit,*[14] die es vermag, dem Bezeugen der Wahrheit Ausdruck zu verleihen, und zeichne mich aus durch Klarheit und die [Fähigkeit zur deutlichen] Übermittlung *der allumfassenden Worte.*[15] Beschütze mich in all meinen Äußerungen vor dem Behaupten dessen, was nicht rechtmäßig mein ist, und lasse mich reden *aufgrund eines sichtbaren Hinweises* auf Dich, *mich und diejenigen, die mir folgen.*[16]

Oh Gott, in Dir nehme ich Zuflucht vor jeder Rede, die Verworrenheit stiftet, Zwietracht schürt oder Zweifel sät.[17] Von Dir erhalten wir alle Worte; von Dir bekommen wir alles Wissen.[18]

Du bist es, Der die Himmel trägt und Der die Namen lehrt.[19] Es gibt keinen Gott außer Dir, den Einen, den *Einzigen,* den Singulären, die *umfassende Hilfe,* Der *nicht zeugt, noch gezeugt wurde – keinen Einzigen gibt es wie Ihn.*[20]

Möge der Segen Gottes über unserem Meister Mohammed sein und über seiner ganzen Familie und all seinen Gefährten. *Und Lob sei Gott, dem Herrn der Welten.*

Anmerkungen

1. Die beiden Grundbuchstaben dieses Gebets sind: *dāl,* wie in *dāma* (andauern, beständig sein), *daʿwa* (einladen) und *dalla* (aufzeigen); und *ṣād,* wie in *ṣifa* (zuschreiben), *ṣirf* (völlig), *ṣidq* (Wahrheitsliebe) und *ṣamad* (umfassende Hilfe).

2. Anspielung auf einen Teil des berühmten Thronverses aus dem Koran, 2:255 KP: »... Sein Thron reicht weit über Himmel und Erde. Und es fällt Ihm nicht schwer, sie [vor Schaden] zu bewahren«, bzw. KH: »... und nicht beschwert Ihn beider Hut.«

3. Arabisch: *waqt,* was sich auf den gegenwärtigen Augenblick bezieht, die einzige ›Zeit‹, die tatsächlich erfahren wird.

4. mT bietet eine andere Lesart: *as'aluka yaqīnan ṣādiqan bimu'āmalatin lāyiqatin takūnu ghāyatuhā qurbaka. Yā man natā'idsch al-a'māl mawqūfatun 'alā riḍwānika* (»Ich erbitte von Dir eine wahrheitsgemäße Sicherheit durch mein Handeln in voller Übereinstimmung, deren einziges Ziel Deine Nähe ist. Oh Du, von Dessen Zufriedenheit die Früchte der Werke abhängen!«

5. Gemäß mI, mW und mL, in denen steht: *sirran zāhiran.*

6. Möglicherweise eine Anspielung auf Koranvers 7:196 kP: »Mein Freund ist Gott, [Er] Der die Schrift herabgesandt hat. Er hält mit den Rechtschaffenen Freundschaft«, bzw. kH: »Mein Beschützer ist *Allāh,* Der das Buch hinabgesandt hat; und Er beschützt die Rechtschaffenen.«

7. Das bezieht sich auf den Koranvers 40:60 kP: »Euer Herr hat gesagt: ›Betet zu Mir, dann werde Ich euch erhören!‹«

8. Koranvers 55:78 kP: »Voller Segen ist der Name deines Herrn, des Erhabenen und Ehrwürdigen.«

9. Koranvers 6:59 kP: »Er [allein] besitzt die Schlüssel [für den Zugang] zum Verborgenen. Keiner kennt sie außer Ihm.«

10. Nach mI, mW, mL und mT, in denen steht: *bi-ifāḍati nūrika 'alayya.*

11. Anspielung auf den Koranvers 10:5 kP: »Er ist es, Der die Sonne zur Helligkeit [am Tag] und den Mond zu Licht [bei Nacht] gemacht und Stationen für ihn bestimmt hat, damit ihr über die Zahl der Jahre und die Berechnung [der Zeit] Bescheid wisst.« Die »Stationen« oder Häuser des Mondes korrespondieren mit den achtundzwanzig Tagen des lunaren Zyklus, die von der Stellung der beiden Lichter von Sonne und Mond bestimmt werden. Die »Stufen des Nützlichen« beschreiben somit die sichtbaren Aspekte des Mondes, den gespiegelten Glanz der Sonne, während die »Stufen des Schädlichen« die dunkle Seite des Mondes bezeichnen, also das, was uns verborgen ist. Jede Mondphase zeigt eine andere Stufe von Licht und dessen Abwesenheit. Diese Stelle des Gebets kann genauso gut aus individueller Perspektive gelesen werden: Die »Stationen« oder »spirituellen Wohnstätten« sind die Zwischenhalte auf dem spirituellen Pfad, was zum Beispiel 'Abdullāh al-Anṣārī al-Harawī zum Titel seines berühmten Buches *Manāzil al-sā'irīn* (»Die Stationen der Reisenden«) inspirierte. Das Wort *manāzil* (Wohnstätten) ist für Ibn 'Arabī ein komplexer Begriff. Er widmet ihm einen ganzen Abschnitt in den *Futūḥāt* (siehe Michel Chodkiewicz: *An Ocean Without Shore,* Seite 36).

12. Gemäß mI, mW und mL, in denen steht: *li-l-naf'i wa'l-ḍayr.*

13. Nach mI, mR, mW, mL und mT, in denen *al-nūra* steht anstelle von *al-khayrāt.*

14. Siehe Koranverse 26:83–84 kP: »Herr, schenk mir Urteilskraft und nimm mich [dereinst] unter die Rechtschaffenen auf! Verleih mir einen guten Ruf unter den späteren [Generationen]«, bzw. kH: »... Und gib mir einen guten Namen [wörtlich: eine Zunge der Wahrheit] unter den Späteren.«

15. Anspielung auf den Hadith des Propheten: »Ich wurde mit den allumfassenden Worten gesandt« (Bukhārī, *Dschihād* 122).

16. Koranvers 12:108 kP: »Sag: ›Das ist mein Weg. Ich rufe [euch] zu Gott aufgrund eines sichtbaren Hinweises, ich und diejenigen, die mir folgen‹«, bzw. kK: »›... eines Einsicht bringenden Beweises...‹«.

17. Gemäß MR, in dem steht: *aw yaʿqubuhu fitnatun.*

18. Nach MI, MR, MW und ML, in denen steht: *ʿanka tuʾkhadhuʾl-ḥikam.*

19. Siehe Koranvers 22:65 KP: »Hast du denn nicht gesehen, dass Gott [alles], was auf der Erde ist, in euren Dienst gestellt hat, desgleichen [wörtlich: und] die Schiffe, damit sie – auf Seinen Befehl – auf dem Meer fahren, und [dass Er] den Himmel [oben] hält, sodass er nicht – außer mit Seiner Erlaubnis – auf die Erde fällt? Gott ist gegen die Menschen mitleidig und barmherzig.« Und Koranvers 2:31 KP: »Und Er lehrte Adam alle Namen.«

20. Aus der Sure *al-Ikhlāṣ,* 112 KK: »Sprich: ›Er ist Gott, ein Einziger, Gott, der Undurchdringliche [KP: der Kompakte; KH: der Ewige; KT: der Unabhängige und von allen Angeflehte; KE: der Überlegene]. Er hat nicht gezeugt, und Er ist nicht gezeugt worden, und niemand ist Ihm ebenbürtig.‹«

❧

Samstagmorgengebet

Im Namen Gottes, des Allerbarmherzigsten
und Allergnädigsten:

Wer an Gott festhält, wird auf einen geraden Weg geführt.[1]

Ehre sei Gott,[2] Der mir Zugang gewährt hat in das Reich von Gottes Wohlwollen!

Gepriesen sei Gott, Der mich in den Garten von Gottes Barmherzigkeit[3] gebracht hat.[4]

Lob sei Gott, Der mich erhoben hat zur Station von Gottes Liebe![5]

Ruhm sei Gott, Der mich [die Leckerbissen] kosten ließ von den Tischen, die gedeckt sind mit Gottes Proviant![6]

Geehrt sei Gott, Der mir die Eintrittskarte[7] geschenkt hat, mich der Wahl Gottes zu fügen![8]

Lobpreis sei Gott, Der mich trinken ließ von den Quellen, in denen wir die Erfüllung finden von Gottes Versprechen![9]

Gelobt sei Gott, Der mich gekleidet hat in das Gewand der wahren Dienerschaft Gottes!

Und all dies ungeachtet *meiner Versäumnisse gegenüber Gott* und meiner Missachtung der Göttlichen Ansprüche.[10] *Das ist die überreichliche Gnade Gottes.*[11] *Und wer könnte Sünden vergeben außer Gott?*[12]

Oh mein Gott, Du hast mir Wohlwollen bezeugt, indem Du mich ohne Anstrengung und Mühe ins Sein gebracht hast. Und aus Deiner reichlichen Großzügigkeit heraus hast Du meine Hoffnungen bestärkt, sodass sie ihr Ziel[13] ohne irgendein Verdienst oder jedwede Veranlagung [meinerseits] zu erreichen vermögen.

Dich bitte ich, bei dem Einen aller Einheiten und bei Dem von allen Bezeugenden Bezeugten, um die Gnade der Liebe als vollkommene Sicherheit vor der Drangsal des Entferntseins, um die Vertreibung der Dunkelheit des starrköpfigen Widerspruchs durch das Sonnenlicht der rechten Führung und um das Aufstoßen der Türen zum richtigen Handeln durch die helfende Hand des [Ausspruchs]: *Wahrlich, Gott ist gütig gegen Seine Diener.*[14]

Oh mein Herr, ich erbitte von Dir, dass die Ichheit meines Wesens ausgelöscht, aber die Gewissheit meines Bezeugens bestehen bleibe und dass die Unterscheidung zwischen mir als Zeugen und mir als Bezeugtem bewahrt werden möge[15] durch das Einssein meines Zustands als [geschaffenes] Daseiendes mit meinem [wirklichen] Sein.

Durch Deine wahre Wirklichkeit, oh mein Meister, behüte meine Dienerschaft vor dem düsteren Blendwerk des vermeintlichen Sehens von anderem [als Dir]. Mache mich zum Erbem Deines anfänglichen Wortes *an die Auserwählten, an die Besten.*[16] Sei der Meister meiner Sache, Der in jedem Zustand und jedem Verlangen an meiner statt wählt. Hilf mir, ob in Bewegung oder Ruhe, durch die Bestätigung Deiner Einheit[17] und Deines Thronens.

Oh mein Geliebter, ich bitte Dich um eine rasche Wiedervereinigung, mit schöpferischer Schönheit, unangreifbarer Majestät und erhabener Vollkommenheit, in jedem Stadium und jedem Ergebnis.

Oh Du, Der Er ist; oh Er, neben Dem keiner ist außer Dir!

Dich bitte ich um das unbegreiflichste Verborgene durch die Heiligste Essenz und um den erhabensten[18] Geist *bei der Nacht, wenn sie hereinbricht, und beim Morgen, wenn er heraufzieht; wahrlich, dies ist die Aussage eines vortrefflichen Gesandten, der beim Herrn des Thrones über Gewalt verfügt und Macht und Ansehen hat, vollkommen vertrauenswürdig und gehorsam,*[19] *in deutlicher arabischer Sprache*[20] *und wahrlich herabgesandt vom Herrn aller Wesen*[21] – [und Dich bitte ich] um eine an sich vollkommen klare Unterscheidungskraft, welche die verschiedenen Farben der Erhellung annimmt im Kolorit des Gleichgewichts.[22]

Und ich bitte Dich, oh Gott, dass mir dies und auch das ganze Vermögen meines Lebensatems gebracht werden möge durch die Geister, die meine Anrede beseelen, [wenn ich mich an Dich richte] mit Deinen gesegneten Gebeten und Deinen unaufhörlichen Begrüßungen desjenigen, durch den das Streben zur Erfüllung gelangt und die Liebenden sich vereinigt finden, und auch derjenigen, die ihm nach allen Graden verwandt sind. *Wahrlich,* er *folgt der allerdeutlichsten Wahrheit.*[23] Mach uns zu einem seiner besonderen Begleiter. Amen.

Möge der Segen Gottes über unserem Meister Mohammed sein und über seiner ganzen Familie und all seinen Gefährten.

Dein Herr, der Herr der Macht, sei gepriesen! Er ist erhaben über das, was sie über Ihn sagen. Friede sei über den Gesandten. Und Lob sei Gott, dem Herrn der Welten.

Anmerkungen

1. Koranvers 3:101 KP.

2. Die folgenden sieben Lobpreisungen an diesem letzten Wochentag könnten möglicherweise mit den sieben Tagen der Woche korrespondieren.

3. Dies könnte anspielen auf das Gebet des Moses im Koranvers 7:151 KP: »›Herr! Vergib mir und meinem Bruder und lass uns in Deine Barmherzigkeit eingehen! Niemand ist so barmherzig wie Du.‹« Diese wird auch als ein »Paradiesgarten« bezeichnet, und zwar in Koranvers 36:26 KP: »Es wurde [zu ihm (einem rechtgeleiteten Mann)] gesagt: ›Geh in das Paradies ein!‹ Er sagte: ›Oh wüssten doch meine Landsleute, dass mein Herr mir [meine Sünden] vergeben und mich unter diejenigen aufgenommen hat, denen [die] Ehre zuteilgeworden ist [in Seiner Nähe sein zu dürfen].‹«

4. Gemäß mR und mW, in denen *adkhalanī* steht. In anderen Manuskripten (mP, mI, mL und mY) steht *anzalanī* (»... Der den Garten von Gottes Barmherzigkeit auf mich *herabgesandt* hat«), was Koranvers 18:1 anklingen lassen würde (kP): »Lob sei Gott, Der die Schrift auf Seinen Diener herabgesandt hat.« Das würde eine Gleichsetzung der Herabsendung des Korans mit der Eintrittsgewährung in den Garten von Gottes Barmherzigkeit bedeuten.

5. Die Göttliche Liebe (*maḥabba*) wird im Koran nur einmal erwähnt, und zwar im Zusammenhang mit der Fürsorge für Moses als Baby; Vers 20:39 kP: »Ich habe dich Meine Liebe spüren lassen, und du solltest unter Meiner Aufsicht aufgezogen werden.«

6. Anspielung auf Jesu Gebet in Koranvers 5:114 kP: »Jesus, der Sohn der Maria, sagte: ›Du, unser Gott und Herr! Sende uns vom Himmel einen Tisch herab, der [mit Seinem Mahl] für uns von jetzt an und bis in alle Zukunft [?] [wörtlich: für den Ersten und den Letzten von uns] eine Feier und ein Zeichen von Dir sein wird! Und beschere uns [Gutes]! Du kannst am besten bescheren.‹«

7. Arabisch: *biṭāqa;* unter Bezug auf einen von ʿAbd Allāh b. ʿAmr b. Al-ʿAs überlieferten Hadith (siehe *Futūḥāt* IV:536): »Der Botschafter *Allāhs* sagte: ›Wahrlich, am Tag des Gerichts wird *Allāh* einen Menschen aus meiner Gemeinschaft vor die ganze Schöpfung hinstellen. Vor diesen werden neunundneunzig Schriftrollen gelegt werden, jede von ihnen ausgerollt, so weit das Auge reicht. Dann wird Er sagen: »Leugnest du irgendetwas davon? Haben jene, die dies aufzeichneten, dir unrecht getan?« Antworten wird er: »Nein, oh Herr!« So wird Er sagen: »Nichtsdestotrotz (*balā*) schreiben Wir dir eine gute Tat zu, also wird dir heute kein Unrecht geschehen.« Darauf wird Er ein Stück Papier (*biṭāqa*) hervorholen, auf dem geschrieben steht: »Ich bezeuge, dass es keinen Gott gibt außer Gott, und ich bezeuge, dass Mohammed Sein Diener und Prophet ist.« Dann wird Er sagen: »Bringt eure Waage.« Und er wird sagen: »Oh Herr, was wiegt diese Karte schon angesichts jener Rollen?« Worauf Er sagt: »Dir soll kein Unrecht geschehen. Die Rollen werden auf die eine [Waag]schale gelegt werden und die Karte auf die andere: Die Schriftrollen werden leicht sein und die Karte wird schwer sein, denn nichts hat mehr Gewicht als der Name *Allāhs.*«‹«

8. Die »Wahl Gottes« spielt auf verschiedene koranische Stellen an; so auf Vers 3:33 kP: »Gott hat Adam und Noah und die Sippe Abrahams und die Sippe ʿImrāns vor den Menschen in aller Welt auserwählt«; und 27:59 kP: »Sag: ›Lob sei Gott! Und Heil sei über Seinen Dienern, die Er auserwählt hat!‹«; und 38:45–47 kH: »Und gedenke Unserer Diener Abraham und Isaak und Jakob, Leute von Macht und Einsicht. Siehe, Wir reinigten sie mit Reinheit, da sie der Wohnung [des Paradieses] gedachten. Und siehe, sie waren bei Uns wahrlich von den Auserwählten, den Besten.« Diese Lobpreisung ruft insbesondere auch Abrahams Gebet in Koranvers 14:39 in Erinnerung (kP): »Lob sei Gott, Der mir trotz meines hohen Alters den Ismael und den Isaak geschenkt hat.«

9. Das Wort *wafāʾ* (Erfüllung) hat die Bedeutung von »ein Versprechen einlösen« oder »seiner Verpflichtung nachkommen«. Hier könnte eine Anspielung vorliegen auf jene Geschichte, in der Moses an der Wasserstelle von Midian die Tiere der Frauen tränkte und anschließend sein Versprechen gegenüber (seinem Schwiegervater) Jitro (Schuʿayb) erfüllte; siehe Koran 28:23 ff.

10. Bezieht sich auf Koranvers 39:56 kP: »[Bedenkt euch beizeiten, so] dass [nicht] einer [sich Vorwürfe macht, wenn es zu spät ist, und] sagt: ›Wie sehr be-

daure ich, Gott gegenüber Missachtung gezeigt zu haben! Ich war ja [einer] von den Spöttern.‹«

11. Koranvers 4:70 KK: »Das ist die Huld Gottes.«

12. Koranvers 3:135 KP: »Und wer könnte [den Menschen] ihre Schuld vergeben außer Gott?«, bzw. KH: »Und wer vergibt die Sünden, wenn nicht *Allāh?*«

13. In MR steht: *wa-dscharra'ta maṭāmi'ī min karamika li-bulūghi 'l-murād* (»Aus Deiner überschwänglichen Großzügigkeit hast Du meine Hoffnungen ermutigt, ihr Ziel zu erreichen«).

14. Koranvers 42:19 KP.

15. Bezug zum Koranverse 85:1–3 KP: »Beim Himmel mit seinen Türmen [das heißt Tierkreiszeichen]; beim Tag [des Gerichts], der [den Menschen] angedroht ist, und [bei] einem, der [dann] Zeugnis ablegt, und [bei] etwas, was bezeugt wird!«, bzw. KH: »... und bei dem verheißenen Tag, bei einem Zeugen und einem Bezeugten.«

16. Koranvers 38:47; siehe Anmerkung 8.

17. Zweimal erwähnt der Koran die Bestätigung der Einheit (*tawḥīd*), gefolgt vom Herrn, Der auf dem Thron sitzt (*istiwā'*); einmal in Vers 23:116 KP: »Gott ist erhaben. [Er ist] der wahre König. Es gibt keinen Gott außer Ihm. [Er ist] der Herr des vortrefflichen Thrones«; und einmal in Vers 27:26 KP: »Gott [ist einer allein]. Es gibt keinen Gott außer Ihm. [Er ist] der Herr des gewaltigen Thrones.«

18. Der Begriff *anfas* (erhabenste) ist von seinem Stamm her verbunden mit der im nachfolgenden Zitat von Koranvers 81:18 genannten Verbform *tanaffasa,* übersetzt als »heraufzieht [wörtlich: aufatmet]« (KP), bzw. »anbricht« (KK), »zu atmen beginnt« (KT) und »Atem schöpft« (KE). Wir folgen hier MR und MI, in denen steht: *bi-l-'ayn al-aqdas wa'l-rūḥ al-anfas.*

19. Koranverse 81:17–21 KP.

20. Koranvers 26:196 KP. Für Ibn 'Arabī ist Arabisch nicht bloß eine physische Sprache, sondern die Sprache der Klarheit. Siehe dazu *Futūḥāt* III:517.

21. Koranvers 26:192 KP: »Und er [der Koran] ist vom Herrn der Menschen in aller Welt [als Offenbarung] herabgesandt«, bzw. KK: »Und er ist eine Herabsendung des Herrn der Welten«, und KE: »Und er ist ganz sicher eine Offenbarung des Herrn der Weltenbewohner.«

22. Dieser Satzteil ist äußerst anspielungsreich. Zur Verwendung der Begriffe *ṣiyagh* und *ṣun'a* siehe *Tanazzulāt al-Maṣiliyya,* Seite 246. Die Zeile wird in den Manuskripten sehr unterschiedlich wiedergegeben. In MI steht: *ḥūkmā muḥkami'l-amri birūḥihi'l-mutalawwin fī sibghi'l-tabyīn* (»die Autorität einer ihrem Geiste nach gut getroffenen Entscheidung, die im Ton ihrer Erklärung gefärbt ist«). Dies könnte sich dann beziehen auf Koranvers 2:138 KH: »Die Taufe [wörtlich: Färbung] *Allāhs* [haben wir], und was ist besser als *Allāhs* Taufe? Und wahrlich, Ihm dienen wir«, bzw. KE: » *Allāhs* Farbgebung – und wessen Farbgebung ist besser als diejenige *Allāhs!* Und Ihm dienen wir«, und KK: »[Nehmt an] das Kennzeichen Gottes. Und wer hat ein schöneres Kennzeichen als Gott? Ihm [allein] dienen wir«, und KP: »Das *baptisma* [?] Gottes. Wer hätte ein besseres *baptisma* als Gott! Ihm dienen wir.«

Die »Erklärung« (*tabyīn*) ist eine implizite Anspielung auf den Koran, der auch »die Klarstellung« oder »die Bekanntgabe« (*al-bayān,* von derselben Wurzel) genannt wird. Die »äußerlichen Formen der Göttlichen Erklärung« können sich entweder auf das Buch selbst beziehen oder auf das Universum oder auf den vollkommenen Menschen. Siehe dazu Suʿād al-Ḥakīm: *Al-Muʿjam al-ṣūfī,* Seiten 903–908.

23. Koran 27:79. Bei MI steht: *innahu'l-ḥaqq al-mubīn.*

Anhang

Anhang A

Die Zeit gemäß Ibn 'Arabīs *Ayyām al-scha'n*

Der Zeitkreis

Das offensichtlichste Symbol der Einheit ist ein Kreis oder eine Kugel: ein ungeteiltes Ganzes. Jeder Punkt auf dem Kreisumfang oder auf der Kugeloberfläche ist mit jedem anderen identisch, da sie dieselbe Beziehung zum Mittelpunkt aufweisen. Ibn 'Arabī beschreibt den Göttlichen Thron, der die gesamte Manifestation enthält und auf dem der Allbarmherzige sitzt, als einen Kreis, der alle Stufen des Daseins umfasst.

Ebenso begreifen wir die Zeit, wenn wir ihren Verlauf als einen Kreislauf verstehen, als ein Symbol der Einheit. Sei es ein Jahr von zwölf Monaten, ein Mondmonat von achtundzwanzig Tagen, eine Woche von sieben Tagen oder ein Tag von vierundzwanzig Stunden, sie alle sind ein vollständiger Kreis, der sich selbst in einer »kreisenden« Bewegung endlos wiederholt. Abweichungen zwischen dem Mond- und dem Sonnenkalender, die alle drei oder vier Jahre die Einschaltung zusätzlicher Monate oder Tage erfordern, ändern nichts an der symbolischen Natur des Kreises.

Zeitkreise, und tatsächlich sämtliche Kreise, insofern sie ganz sind, können in gewissem Sinne ebenfalls als einander völlig gleichwertig betrachtet werden. Diese »horizontale« Übereinstimmung ermöglicht einige der tiefsten Einblicke in die Ordnung des Universums. Gemäß Ibn 'Arabī gibt es achtundzwanzig Stufen des Daseins, die den achtundzwanzig Häusern des Mondes und den achtundzwanzig Buchstaben des arabischen Alphabets entsprechen. Beschrieben mit achtundzwanzig Göttlichen Namen, sind sie in absteigender Reihenfolge gegliedert vom eigentlichen Ordnungsprinzip als solchem, genannt »der Stift« oder »der erste Intellekt«, bis hinunter zum dem, was das Ganze in einer synthetischen Weise umschließt, versammelt oder zusammenfasst (*al-dschāmi'*), dem vollkommenen Menschen, der die gesamte Struktur der Daseinshierarchie kennt.[1]

1. Weitere Details dazu finden sich in TITUS BURCKHARDT: *Mystical Astrology according to Ibn 'Arabī,* Illustration auf den Seiten 32–33.

Ibn ʿArabīs Erklärungen der Zeit selbst werden uns nicht als Resultate einer Spekulation präsentiert, sondern in erster Linie als Einsichten aus einer Kontemplation der offenbarten Welt. Sein Buch *Ayyām al-scha'n* (»Die Tage des Werks Gottes«) geht sehr ausführlich ein auf Zyklen der Zeit und auf die Wechselbeziehung zwischen dem vierundzwanzigstündigen Tag und der siebentägigen Woche. In seiner Darlegung der verschiedenen koranischen Beschreibungen von Tag und Nacht zeichnet Ibn ʿArabī eine höchst originelle und komplexe Sicht der Zeit. Er betrachtet den Tag unter zwei grundsätzlichen Gesichtspunkten, dem physischen und dem spirituellen:

> Mit »Tag« meinen wir einen vollständigen Zyklus der Zyklen der Fixsternsphäre, welche die Himmel und die Erde enthält [...] Jeder Tag ist der letzte Tag von [einem Zyklus von] 360 Tagen [oder einem Jahr] [...], oder wir könnten ebenso gut sagen, dass jeder Tag alles verwirklicht, was in den sechs [vorangegangenen] Tagen [der Woche] vom Beginn bis zum Ende geschehen ist. Denn an einem Tag endet jeder dieser [anderen] sechs Tage, sodass er notwendigerweise die Eigenschaft von jedem von ihnen enthält. Dies aber bleibt verborgen, weil jeder dieser Tage einen besonderen Abschluss in ihm findet. Ein Tag umfasst daher 360 Grad, weil sich die gesamte Sphäre [der Fixsterne] in ihm manifestiert, die sich durch all diese Grade dreht. Daraus besteht ein körperlicher (oder materieller) Tag (*yawm al-dschismānī*). In ihm liegt ein spiritueller Tag (*yawm rūḥānī*), im Verlaufe dessen der Verstand seine Erkenntnis erhält, die Einsicht ihre Betrachtung und der Geist seine Geheimnisse. Dies geschieht in ganz ähnlicher Weise, wie der Körper während des körperlichen Tages seine Nahrung, Wachstum und Entwicklung, Gesundheit und Krankheit, Leben und Tod erhält. Unter dem Gesichtspunkt ihrer bestimmenden Eigenschaften, die sich im Kosmos aufgrund der aktiven Kraft der universellen Seele manifestieren, gibt es sieben verschiedene Tage (Sonntag, Montag, Dienstag und so weiter). Diesen [körperlichen] Tagen entsprechen sieben spirituelle Tage, die [jedoch nur] den Gnostikern bekannt sind. Diese [spirituellen Tage] besitzen bestimmende Eigenschaften im Geist und im Verstand aufgrund der Erkenntniskraft des Wirklichen, in dem die Himmel und die

Erde existieren, und dies ist das Göttliche Wort (*al-kalimat al-ilāhiyya*).[2]

Die sieben Himmelssphären

Ibn ʿArabī spricht von sieben Himmelssphären (*aflāk*), die den sieben Wochentagen entsprechen. Jede dieser Sphären steht in Beziehung zu einem Planeten und einer prophetischen Figur, deren wechselseitigen Beziehungen sich in der folgenden Illustration darstellen lassen. Obschon er eine solche Darstellung während der Niederschrift vor seinem geistigen Auge gehabt haben mag, wird sie nie explizit erwähnt, sodass wir betonen müssen, dass das Folgende unsere eigene grafische Umsetzung ist:

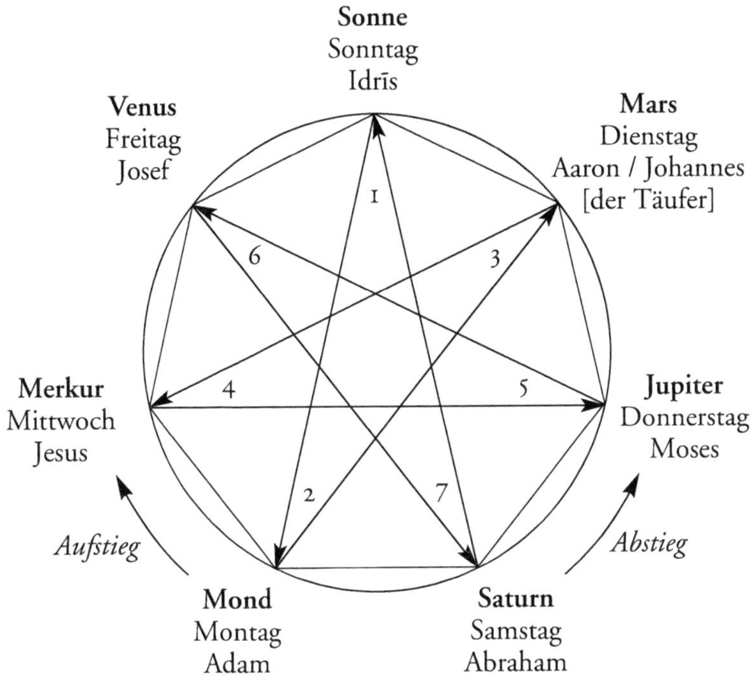

Die sieben Himmelssphären

2. *Ayyām al-scha'n,* Seite 6.

In diesem Diagramm sind die sieben Planeten entsprechend ihrer Anordnung im physischen Raum [nach geozentrischem Weltbild] um den Kreis gruppiert: im Uhrzeigersinn in aufsteigender Reihenfolge beginnend mit dem Mond, und damit im Gegenuhrzeigersinn in absteigender Reihenfolge beginnend mit dem Saturn. Die Uhrzeigerbewegung beschreibt die Art, auf die der Mensch die himmlische Ordnung erfährt: als ein Aufsteigen von der Erde; die Gegenuhrzeigerbewegung repräsentiert die Weise, in der das Universum ins Dasein tritt: als ein Absteigen von Gott.

Die Ordnung der Wochentage folgt den inneren Verbindungslinien des siebenzackigen Sterns, beginnend mit Sonntag (Tag 1). Wenn wir uns die Anordnung der Tage auf dem Kreis betrachten, finden wir eine Vierzehntagesperiode oder einen doppelten Siebnerzyklus: Jeder Schritt entspricht zwei Tagen (von Sonntag bis Dienstag, von Dienstag bis Donnerstag und so weiter). Zwei aufeinanderfolgende Vierzehntagesperioden, die dem zunehmenden und dem abnehmenden Mond entsprechen, ergeben einen vollen Monat von achtundzwanzig Tagen.

Die sieben Propheten (oder acht, wenn wir Johannes den Täufer mit einbeziehen) haben daher zwei unabhängige Beziehungsmuster: Im ersten stehen sie in Beziehung zur Reihenfolge der Planeten im physischen Raum, welche der Himmelsfahrt (*miʿrādsch*) des Propheten Mohammed entspricht; im zweiten stehen sie in Beziehung zur Reihenfolge der Tage im zeitlichen Raum, entsprechend den Linien des siebenzackigen Sterns innerhalb des Kreises.

Die drei Arten von Tagen

I

> Er wickelt (*yukawwiru*) die Tageszeit um die Nacht, und die Nachtzeit um den Tag (Koran 39:5).

Die erste Art von Tag ist die gewohnte, die körperliche, in der auf den Sonntagabend der Sonntagmorgen folgt, auf den Montagabend der Montagmorgen und so weiter. Ibn ʿArabī nennt sie den »zyklischen Tag« (*yawm al-takwīr*) und sie entspricht der Art, wie wir den Tages- oder Wochenverlauf üblicherweise wahrnehmen: eine endlose Abfolge von Tag und Nacht innerhalb des Musters der sieben Wochentage. Er erklärt, dass jene, die der Tageszeit den

Vorzug vor der Nachtzeit einräumen, Menschen des Sonnenkalenders seien, jene hingegen, die der Nacht den Vorrang vor dem Tag geben, Menschen des Mondkalenders.

II

> Ein Zeichen ist für sie die Nacht. Wir ziehen den Tag von ihr weg, und schon befinden sie sich im Dunkeln (Koran 36:37).

Die zweite Art von Tag wird der »losgelöste Tag« (*yawm al-salkh*) genannt, den nur die Gnostiker kennen. Noch immer ist die Nacht Wurzel und Prinzip des Tages, aber hier sind Nacht und Tag voneinander gelöst. Die Nachtzeit oder der Abend des einen Tages steht in Verbindung mit der Tageszeit oder dem Morgen eines anderen Tages: Beispielsweise hängt die Sonntagnacht zusammen mit dem Mittwochmorgen, die Montagnacht mit dem Donnerstagmorgen und so weiter. Das Intervall zwischen der Nacht und ihrem entsprechenden Tag beträgt sieben Einheiten aus vier Nächten und drei Tagen. Die beiden Tagesarten I und II lassen sich wieder in einem Diagramm darstellen:

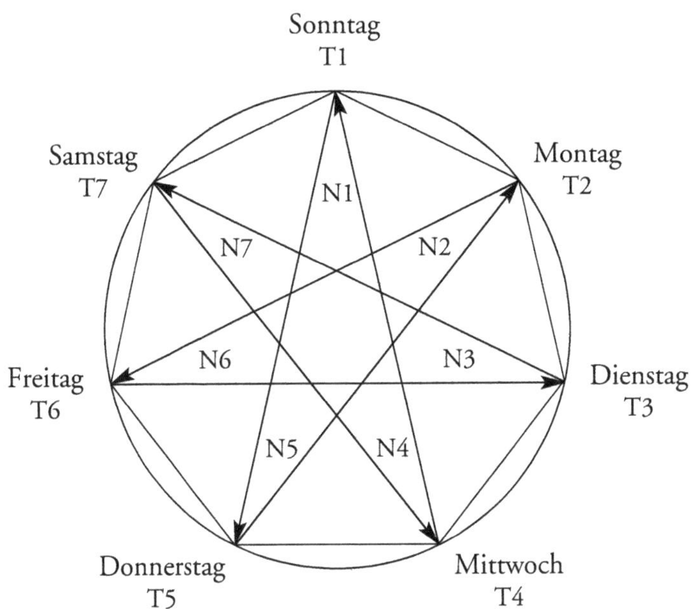

Der zyklische Tag und der losgelöste Tag

Der normale oder zyklische Tag verläuft im Uhrzeigersinn entlang des Kreisumfangs, beginnend mit Sonntag; während der losgelöste Tag gefunden werden kann, indem man den inneren Verbindungslinien des siebenzackigen Sterns folgt. Jede Nacht ist innerhalb dieser Verbindungslinien beschriftet, weil die Nacht der unsichtbare Teil des Tages ist. So ist sie mit einem anderen Tag verbunden: Sonntagnacht (N1) etwa mit dem Mittwoch (T4) und so weiter. Das *sha'n* (Werk, Beschäftigung, Aufgabe) der ersten Nacht erscheint also zur Tageszeit des vierten Tages.

Nacht		Tag
Donnerstagnacht (N5)	→	Sonntag (T1)
Freitagnacht (N6)	→	Montag (T2)
Samstagnacht (N7)	→	Dienstag (T3)
Sonntagnacht (N1)	→	Mittwoch (T4)
Montagnacht (N2)	→	Donnerstag (T5)
Dienstagnacht (N3)	→	Freitag (T6)
Mittwochnacht (N4)	→	Samstag (T7)

Wenn wir nun die Nächte und die Tage der Woche auftrennen und sie separat entlang eines neuen Kreises anordnen, finden wir dieselben Tag-und-Nacht-Kombinationen wie in der obenstehenden Tabelle. Wir beginnen den Zyklus mit N1 (Sonntagnacht), gefolgt von T1 (Sonntag) und so weiter. So ergeben die vierzehn Nächte und Tage zwei siebenstufige Zyklen mit einer Nacht und einem Tag bei jedem Punkt des Kreises.

Diese neuen Kombinationen sind die sieben »losgelösten« Tage, deren erster mit N5/T1 bezeichnet ist und aus Donnerstagnacht und Sonntag besteht. Die »losgelösten« Tage können somit als das innere Muster der äußeren oder »zyklischen« Tage betrachtet werden. So wie andere Geschöpfe und Dinge haben auch Tage einen inneren und einen äußeren, einen sichtbaren und einen verborgenen Aspekt, einen Geist und einen Körper. Ibn ʿArabī beschreibt die Tageszeit als den »Schatten der Nacht und deren Gestalt entsprechend«. Die Bedeutung dieses schönen und poetischen Ausdrucks kann grafisch dargestellt werden in den weiter unten folgenden Diagrammen zur dritten Art von Tag.

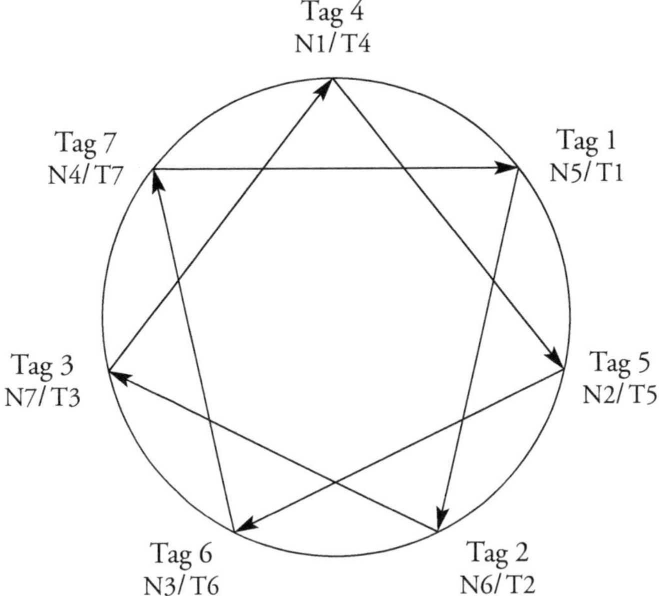

Die losgelösten Tage

III

> Hast du denn nicht gesehen, dass Gott die Nacht in den Tag übergehen lässt und den Tag in die Nacht? (Koran 31:29)

Diese dritte Art von Tag wird der »verwobene Tag« (*yawm al-īlādsch*) genannt. Hierbei greifen alle Stunden jeden Tages und jeder Nacht mit den Stunden nachfolgender Tage und Nächte in einem fein verzweigten Netzwerk ineinander.

Die erste Stunde des ersten losgelösten Tages (siehe die Tabelle auf der nächsten Seite) steht in Verbindung mit N5, die zweite mit N7, die nächsten beiden mit den Tagesstunden T5 und T7, die nächsten beiden mit den Nachtstunden N6 und N1, und die siebte Stunde mit T6, bevor der Zyklus wieder bei N5 beginnt. Jede

St														
	N5	T1	N6	T2	N7	T3	N1	T4	N2	T5	N3	T6	N4	T7
1	N5	T1	N6	T2	N7	T3	N1	T4	N2	T5	N3	T6	N4	T7
2	N7	T3	N1	T4	N2	T5	N3	T6	N4	T7	N5	T1	N6	T2
3	T5	N2	T6	N3	T7	N4	T1	N5	T2	N6	T3	N7	T4	N1
4	T7	N4	T1	N5	T2	N6	T3	N7	T4	N1	T5	N2	T6	N3
5	N6	T2	N7	T3	N1	T4	N2	T5	N3	T6	N4	T7	N5	T1
6	N1	T4	N2	T5	N3	T6	N4	T7	N5	T1	N6	T2	N7	T3
7	T6	N3	T7	N4	T1	N5	T2	N6	T3	N7	T4	N1	T5	N2
8	N5	T1	N6	T2	N7	T3	N1	T4	N2	T5	N3	T6	N4	T7
9	N7	T3	N1	T4	N2	T5	N3	T6	N4	T7	N5	T1	N6	T2
10	T5	N2	T6	N3	T7	N4	T1	N5	T2	N6	T3	N7	T4	N1
11	T7	N4	T1	N5	T2	N6	T3	N7	T4	N1	T5	N2	T6	N3
12	N6	T2	N7	T3	N1	T4	N2	T5	N3	T6	N4	T7	N5	T1

Tages- und Nachtstunden des verwobenen Tages

Nacht enthält vier Nachtstunden und drei Tagesstunden in Siebnerzyklen, während jeder Tag, ihr Schatten, vier Tagesstunden und drei Nachtstunden enthält. Es scheint, dass einige Menschen die *Awrād* mit diesen Verbindungen im Hinterkopf gelesen haben: Ein Manuskript vermerkt zum Beispiel, dass das Gebet für »die erste Nacht« in der ersten Stunde des Donnerstagabends gelesen werden müsse, oder das Gebet für »die dritte Nacht« in der ersten Stunde des Samstagabends (siehe dazu Appendix E).

Indem wir die vierzehn Nächte und Tage entlang eines Kreises anordnen, können wir erkennen, wie die Stunden der verwobenen Tage miteinander in Beziehung stehen. Und wieder sehen wir, dass die Stunden einer bestimmten Nacht einen siebenzackigen Stern ergeben.

Dies stellt das »Werk« (*sha'n*) der Nacht dar, und dasselbe gilt für ihren entsprechenden Tag, dessen Werk in vollkommener Symmetrie als der »Schatten der Nacht« erscheint.

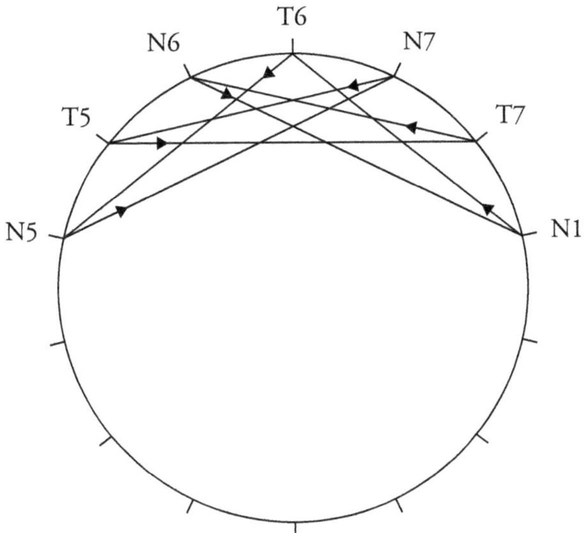

Die verwobenen Stunden der fünften Nacht (Donnerstagabend)

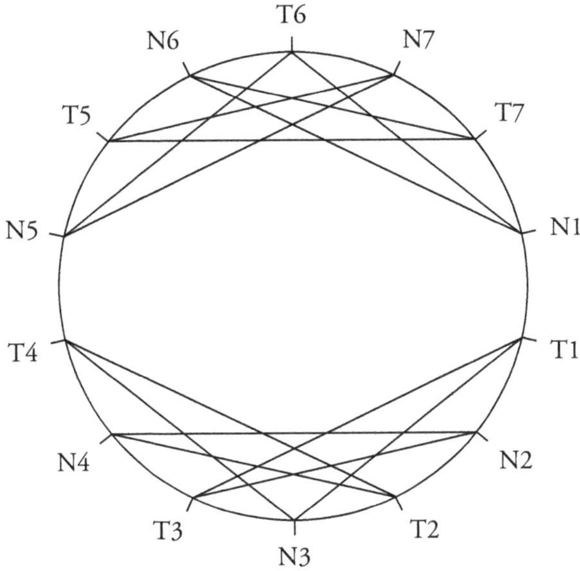

Die verwobenen Stunden des ersten losgelösten Tages (N5 und T1)

Das »Werk« dieses ganzen verwobenen Tages durchzieht und beeinflusst die gesamte Woche, sodass jeder Tag mit jedem anderen in Beziehung steht. Das nachfolgende Diagramm zeigt die sich so ergebende vollkommene Harmonie der verwobenen Stunden und Tage, die das Göttliche Werk symbolisiert. Diese abschließende Zeichnung illustriert auf schöne Weise die Harmonie (*niẓām*), die der Aufeinanderfolge zeitlicher Zustände zugrunde liegt. In seiner Sammlung von Gedichten, die Ibn 'Arabī einer Frau namens Niẓām widmete, die er in Mekka getroffen hatte, zelebriert er die Schönheit, die sich in »der Maid von vierzehn« manifestiert:

Empor stieg zwischen Adhriʿāt und Buṣrā
  ein vierzehnjährig Mädchen, für mich als voller Mond.
Stets dünkt sie sich machtvoll hoch erhaben,
  die Zeit zu überragen in Adel und in Stolz.
Sobald ein voller Mond erreicht das Ende der
  Vollkommenheit,
  wird er gemindert, damit er sich als neuer Mond vollende.
Doch nicht dieses Mädchen! Sie ziehet keine Bahn
  in Türmen [Tierkreiszeichen], einzeln ist sie, wehrt der
  Zweiheit.

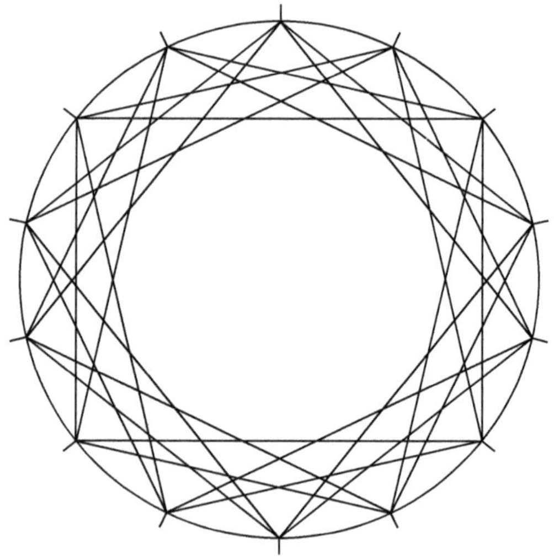

Die verwobenen Stunden der vierzehn Tage und Nächte

Ein Gefäß, das getreu verwahrt Aroma und Entfaltung,
eine Wiese, die frühlingshafte Blumen wachsen lässt.
In dir gelangt die Schönheit zu ihrer fernsten Grenze,
im Reich des Möglichen ist nichts anderes, das dir gleicht![3]

Anhang B

Die schöpferische Woche der Seele nach Ibn ʿArabīs *Ayyām al-scha'n*

Die Tabelle auf der folgenden Seite wurde nach den Beschreibungen erstellt, die Ibn ʿArabī in seinem Buch »Die Tage des Werks Gottes« gibt, obwohl einige (in Klammern wiedergegebene) Details nicht direkt vermerkt sind, auch nicht in der handschriftlichen Ausgabe, und daher abgeleitet werden mussten. Die Tabelle zeigt die Stärke der Beteiligung der spirituellen Wirklichkeiten jeder Himmelssphäre in den individuellen Tagen der universellen Seele. So »hilft« beispielsweise die spirituelle Wirklichkeit der vierten Sphäre oder der Sonne sonntags und dienstags »der Seele« mit voller Kraft, doch donnerstags und samstags nur mit halber Kraft. Die Horizontale zeigt die Beziehung zwischen einem einzelnen Propheten oder einer Sphäre und den sieben Tagen; die Vertikale zeigt die Beziehung zwischen einem einzelnen Tag und den sieben Propheten oder Sphären. Zur Vervollständigung der Tabelle sind wir von einer Gleichwertigkeit des Zyklus der Siebentagewoche und der Einheit des Vierundzwanzigstundentages ausgegangen. Die Summen am Ende jeder Zeile und Spalte repräsentieren also die »Stunden«, die den vierundzwanzigstündigen spirituellen »Tag« ergeben: Eine Stunde ist somit gleichwertig mit »voller Kraft«.

3. *Tardschumān al-aschwāq*, XL, hier in der deutschen Übersetzung von Wolfgang Herrmann in Muḥyīddīn Ibn ʿArabī: *Deuter der Sehnsüchte*, Herrliberg: Edition Shershir, 2016, Band 2, Seite 214.

Sphäre	Prophet	Sonntag	Montag	Dienstag	Mittwoch[1]	Donnerstag	Freitag	Samstag	Summe
4. (Sonne)	Idrīs	**voll**		voll[4]	(Viertel)	halb		halb	3,25
1. (Mond)	Adam		**voll**		(halb)	halb	voll	halb	3,50
5. (Mars)	Aaron	voll		(**voll**)	(Viertel)	halb		halb	3,25
2. (Merkur)	Jesus	Viertel	zwei Viertel[2]	(Viertel)	(**voll**)	halb	halb[3]	halb	3,50
6. (Jupiter)	Moses	halb	halb	halb	(halb)	**voll**	halb		3,50
3. (Venus)	Josef		voll		(halb)	halb	**voll**	halb	3,50
7. (Saturn)	Abraham	halb	halb	halb	(halb)		halb	**voll**	3,50
Summe der Einheiten / »Stunden« des Tages		3,25	3,50	(3,25)	(3,50)	3,50	3,50	3,50	24,00

Anmerkungen zur Tabelle

1. Der handschriftliche Text enthält keine Details bezüglich der Wirkung der einzelnen Sphären auf den Mittwoch außer der Erwähnung: »Gott befahl den spirituellen Wirklichkeiten, der Seele [an jenem Tag] zu helfen entsprechend ihren Stärken in Bezug auf diese Spiritualität (*rūḥāniyya*). Es gab keine einzige unter ihnen, die nicht half, und dies ist die Grundlage eines immensen Wissens.« In den *Futūḥāt* nennt Ibn ʿArabī diesen den »Tag des Lichts« (*nūr*), gleich der Sonne im Zentrum der Planeten (*Futūḥāt* I:155).

2. Der Text führt aus, dass ein Viertel im Abstieg (*hubūṭ*) erfolgt, während das andere Viertel in Zusammenhang steht mit der Bewegung hin zum Abstieg (*sayr li-hubūṭ*). Ist dies eine Anspielung auf die erste Ankunft Jesu, bei der Johannes (der diese Sphäre teilt) in diesem Abstieg behilflich ist?

3. Die zweite Sphäre wird so beschrieben, dass sie »beim Abstieg hilft«. Es ist unklar, ob dies auch für die sechste und die siebte Sphäre gilt, von denen es heißt, sie würden auf dieselbe Weise helfen.

4. Der Text erklärt: »[...] und die vierte Sphäre half der Seele mit all ihrer Kraft und sie half ihr mit einem Viertel ihrer Kraft auf verschiedene Weise und mit einem Viertel ihrer Kraft im Aufstieg (*ṣuʿūd*).« Da die erste und die dritte Sphäre als nicht helfend beschrieben werden, können wir schlussfolgern, dass *alle anderen* helfen. Daher können wir der fünften Sphäre vielleicht die volle Kraft zurechnen, da Dienstag der Tag von Mars und Aaron ist. Ebenso schließen wir auf ein Viertel bei der zweiten Sphäre aufgrund der Art und Weise, wie sich Dienstag und Sonntag gegenseitig zu spiegeln scheinen. Wir können hier auch erkennen, wie der Montag den Freitag spiegelt und der Donnerstag den Samstag. Wir haben die Stundensummen für jeden Tag auf der Basis eines 24-Stunden-Musters der ganzen Woche vervollständigt, was die Gleichwertigkeit des Vierundzwanzigstundentages mit der Siebentagewoche als Zyklen demonstriert.

Anhang C

Das *abdschad*-System

Ibn ʿArabī bezieht sich auf verschiedene Versionen der »alphanummerischen« Systematik, die sich in zwei Grundkategorien einordnen lassen: das östliche und das westliche System. Bei der Erörterung der Buchstaben und ihrer Zahlenwerte im Kapitel 2 seiner *Futūḥāt* erwähnt er, dass die östliche Version von den »Menschen der Lichter« (*ahl al-anwār*) benutzt, während die westliche von den »Menschen der Geheimnisse« (*ahl al-asrār*) bevorzugt werde. Für Ibn ʿArabī ist diese Wissenschaft ein Mittel der direkten Betrachtung, doch misst er ihr nicht jenes Maß an Bedeutung bei, wie dies viele andere Autoren getan haben, beispielsweise al-Būnī.[4]

Östliches System

In diesem System ist der letzte Buchstabe *ghayn,* der den Westen (*gharbī*) andeutet.[5] Es ist dasjenige System, das der Wahl der Buchstaben für die Nachtgebete der *Awrād* zugrunde liegt.

1	2	3	4	5	6	7
alif	*bāʾ*	*dschīm*	*dāl*	*hāʾ*	*wāw*	*zāy*
8	9	10	20	30	40	50
ḥāʾ	*ṭāʾ*	*yāʾ*	*kāf*	*lām*	*mīm*	*nūn*
60	70	80	90	100	200	300
sīn	*ʿayn*	*fāʾ*	*ṣād*	*qāf*	*rāʾ*	*schīn*
400	500	600	700	800	900	1000
tāʾ	*thāʾ*	*khāʾ*	*dhāl*	*ḍād*	*ẓāʾ*	*ghayn*

4. Aḥmad b. ʿAlī al-Būnī, geboren in Bejaja im heutigen Algerien (wann er starb, ist unsicher, wahrscheinlich aber einige Jahrzehnte nach Ibn ʿArabī), schrieb sehr viel über die Symbolik und Wirkmacht von Zahlen und Buchstaben. In seinem Buch *Shams al-maʿārif al-kubrā* (Ägypten, undatiert, Seiten 363–381) finden sich auch jedem einzelnen Buchstaben gewidmete Gebete, doch obwohl sie im Stil ähnlich sind, lassen sie sich hinsichtlich Klarheit und Inspiration nicht mit den hier beschriebenen vergleichen.

5. Siehe dazu *Futūḥāt* I:71 über den Buchstaben *ṣād* und I:73 über den Buchstaben *sīn.*

Westliches System

Der letzte Buchstabe dieses Systems ist *schīn,* der auf den Osten (*scharqī*) hinweist.[6]

1	2	3	4	5	6	7
alif	*bā'*	*dschīm*	*dāl*	*hā'*	*wāw*	*zāy*
8	9	10	20	30	40	50
ḥā'	*ṭā'*	*yā'*	*kāf*	*lām*	*mīm*	*nūn*
60	70	80	90	100	200	300
ṣād	*'ayn*	*fā'*	*ḍād*	*qāf*	*rā'*	*sīn*
400	500	600	700	800	900	1000
tā'	*thā'*	*khā'*	*dhāl*	*ẓā'*	*ghayn*	*schīn*

Anhang D

Zur Bedeutung der Buchstaben *alif* und *wāw*

Die folgenden Textstellen bilden eine Reihe von Betrachtungen über die esoterische Bedeutung der Buchstaben *alif* und *wāw* und zeigen beispielhaft, über welch komplexes Verständnis der arabischen Sprache Ibn 'Arabī verfügte. Buchstaben sind an sich ein Feld der Göttlichen Manifestation und enthüllen alle Prinzipen, die im Kosmos äußerlich sichtbar sind. Jedem Buchstaben wird ein Zahlenwert zugeschrieben, der je nach verwendetem System unterschiedlich sein kann (siehe Anhang C). Er kann auf verschiedene Arten geschrieben werden, je nachdem, ob er mit anderen Buchstaben verbunden wird oder alleine steht.

Was ihren Klang betrifft, versteht man Buchstaben als Momente der Artikulation, in denen der Atem »gestoppt« wird; diese Unterbrechung verursacht den besonderen Klang jedes Buchstabens. Der Buchstabe *alif* [Aussprache: ein langes *a* oder, am Wortanfang als *hamza*-Träger, ohne eigenen Lautwert], der das

6. Siehe dazu *Futūḥāt* I:67 über den Buchstaben *ghayn.*

hamza oder den Glottisschlag unterstützt, kommt aus der Tiefe der Brust ohne irgendwelchen Unterbruch seines Klangs. Als dem Klang des Atems selbst am nächsten, ist das *alif* ein Symbol des Uranfänglichen. Während der Buchstabe *hā'* im innersten Punkt im Brustzentrum erzeugt wird, wird der Buchstabe *wāw* [Aussprache: englisches *w,* langes *u* oder im *au*-Diphthong] am äußersten Punkt des Mundes mit gespitzten Lippen artikuliert. Daher wird das *wāw* hinsichtlich seiner Aussprache als letzter Buchstabe verstanden, der die Eigenschaften aller »vorangehenden« artikulierbaren Klänge in sich einschließt. Der Atem muss durch alle diese Artikulationspunkte hindurchströmen, um den »Ort« des *wāw* zu erreichen. Daher vereinigt und verkörpert er die Kräfte aller Buchstaben, und deshalb ist er für Ibn ʿArabī das Symbol *par excellence* für den vollkommenen Menschen.

Die Symbolik des alif

Das *alif* ist nicht nur der erste Buchstabe des Alphabets, sondern auch derjenige, der alle anderen Buchstaben »vereint«. Geschrieben hat er die Form einer geraden senkrechten Linie, die niemals mit einem nachfolgenden Buchstaben verbunden ist. Diese Vertikale steht als höchst passendes Symbol für das Göttliche. Alle anderen Buchstaben sind gebogen oder aber in unzähligen Formen gerade. Im Klang wie auch im Geschriebenen kann das *alif* als Urbuchstabe verstanden werden und all die anderen Buchstaben als dessen Artikulationen. Ebenso ist in nummerischer Hinsicht sein Zahlenwert 1, die Grundlage aller Zahlen.

Der erste Teil des Mittwochabendgebets ist einer Meditation über das *alif* gewidmet. Die folgenden Auszüge aus anderen Werken Ibn ʿArabīs verdeutlichen einige der Anspielungen in dem Gebet. Er nennt das *alif* »die eigenständige Wurzel der Buchstaben« (*qayyūm al-ḥurūf*) und schreibt: »Alles hängt von ihm ab, während es selbst von nichts abhängt.«[7]

> Er sagte zu mir: »Das *alif* schweigt, während die Buchstaben reden. Das *alif* wird ausgesprochen in den Buchstaben, doch die Buchstaben bleiben unausgesprochen im *alif.* Die Buchstaben bestehen aus dem *alif,* und das *alif* begleitet sie stets,

7. *Kitāb al-alif,* Seite 12.

ohne dass sie sich dessen gewahr sind.« Dann sagte Er: »Die Buchstaben sind Moses und der *alif* ist der Stab.«[8]

Wenn du fragst: »Wie kam es, dass das *alif* die [eigenständige] Grundlage der Buchstaben wurde?«, lautet die Antwort, dass das *alif* über eine vertikale Bewegung verfügt, und aufgrund seines Zustands fortdauernder Eigenständigkeit (*qayyūmiyya*) steht alles im Dasein. Nun magst du einwenden, die Welt komme nur durch horizontale Bewegung ins Dasein, da dieses durch ›Krankheit‹ (*maraḍ*) geschieht und Krankheit eine Neigung [zur Horizontalen] ist. Und siehst du nicht, wie die Philosophen den Einen, Der die Welt ins Dasein brachte, als die Ursache der Ursachen (*ʿillat al-ʿilal*) bezeichnen, während die Ursache [die ihre Wirkung notwendigerweise zur Folge hat] unvereinbar ist mit dem Zustand fortdauernder Eigenständigkeit? Wir würden antworten: Das Dasein geschieht nur durch den eigenständigen Zustand der Ursache, und jede spirituelle Wirklichkeit (*amr*) besitzt diesen eigenständigen Zustand. Also verstehe! Denn der eigenständige Zustand des Göttlichen verlangt zweifellos das Dasein dessen, über das Göttlichkeit ausgeübt wird. *Was, Ihm, Der über jeder Seele steht und darüber wacht, was sie sich verdient hat, Gott, schreiben sie dennoch Teilhaber zu?*[9]

Die Symbolik des wāw

Nachdem er mit einer Erörterung der Zahlensymbolik beginnt, fährt Ibn ʿArabī fort, die Beziehung zwischen Schöpfer und Schöpfung hinsichtlich dessen zu beschreiben, wie die Wörter *kun* (»Sei!«, der Göttliche Befehl, der Dasein verleiht) und *kawn* (die Schöpfung, der Dasein verliehen wird) auf Arabisch geschrieben werden. Mit Blick auf die grafischen Formen der Buchstaben setzt er das *wāw* mit dem *hāʾ* (wie in *huwa* oder »Er«, der Göttlichen Selbstheit) in Bezug und findet darin eine symbolische Anspielung

8. *Maschāhid al-asrār,* Kapitel 5, arabischer Text Seite 50.

9. *Futūḥāt* II:122. Das Koranzitat zum Schluss stammt aus Vers 13:33 KK: »Ist denn Der, Der über jede Seele Macht ausübt, um ihr zu vergelten für das, was sie getan hat, [den Götzen gleich]? Sie stellen Gott Teilhaber [zur Seite].« Für eine eingehendere Erörterung von Ibn ʿArabīs Lehre über die Kausalität siehe *SDG,* Seiten 18–19.

auf die wesentliche Verbindung zwischen Mensch und Gott. Darin versinnbildlicht das *wāw* den vollkommenen Menschen, der seine Wirklichkeit gemäß dem Göttlichen Wissen kennt. Die Schlusspassage ist eine Meditation über die Aussprache und innerliche Form des Buchstabens *wāw*, welche wiederum die grundsätzliche Unterscheidung zwischen Schöpfer und Erschaffenem zeigt.

Der folgende Auszug legt eine von Ibn ʿArabīs Erklärungen des »Geheimnisses zwischen dem *kāf* und dem *nūn*« dar unter Anspielung auf das Freitagabendgebet. Die Zwischentitel stammen von uns, nicht von Ibn ʿArabī.

Auszug aus dem *Kitāb al-mīm wa-l-wāw wa-l-nūn*, dem »Buch über das *mīm* und das *wāw* und das *nūn*«[10]

Was das *wāw* betrifft, ist dieses ein adliger Buchstabe mit vielen unterschiedlichen Aspekten und Betrachtungsweisen.

Das wāw *als Zahl*

Es ist die erste vollkommene Zahl.[11] Es entspricht [im alphanummerischen System] der Zahl 6, dessen Bestandteile die folgenden sind: ein Halbes (das drei Teilen entspricht), ein Drittel (das zwei Teilen entspricht) und ein Sechstel (das einem Teil entspricht), was die Summe von einem Ganzen ergibt (welches sechs [Teilen] entspricht).

In der Buchstabensymbolik steht das *wāw* für das, was die 6 den Schulen der Zahlensymbolik, wie etwa den Pythagoreern, bedeutet. Es wird erzeugt von zwei adligen Buchstaben, nämlich dem *bā'* und dem *dschīm*. Das *bā'* [mit dem Zahlenwert 2] korrespondiert mit der Stufe des ersten Intellekts,

10. Aus dem *Rasā'il*, Seiten 8–11, korrigiert auf Grundlage des handschriftlichen Manuskripts Veliyuddin 1759 und der Ausgabe Şehit Ali 2813, die ein *samāʿ* trägt.

11. Eine vollkommene (oder perfekte) Zahl ist eine, die selbst die Summe ist all ihrer Teiler plus der Einheit, wie zum Beispiel die 6=3+2+1, die durch 2 und 3 geteilt werden kann. Die zweite vollkommene Zahl ist die 28=14+7+4+2+1. Das *wāw* hat den Zahlenwert von 6 und korrespondiert phonologisch mit der 28 (als deren letztem Klang). Die ersten vier vollkommenen Zahlen (6, 28, 496 und 8128) waren bereits den Griechen bekannt und wurden auf Arabisch von Ibn Sīnā, im Westen Avicenna genannt (980–1037), beschrieben.

der das zweite Daseiende oder vielmehr der zweite Grad des Daseins ist. Das ist auch bei allen anderen geschriebenen Buchstaben der Fall, egal ob sie alleine stehen oder miteinander verbunden sind. Das *dschīm* [mit dem Zahlenwert 3] stellt die erste der ungeraden Zahlen dar.[12]

Wenn man das *dschīm* mit dem *bā'* multipliziert [das heißt: 3×2], ergibt sich das *wāw* [=6], das zu gleichen Maßen die Eigenschaften und die Naturen seiner beiden Faktoren besitzt. Das *wāw* hat die Merkmale der Zahl 6 und schließt auch die Merkmale der Zahlen 2 und 3 in sich ein. Es ist ein Buchstabe, der sich auf besondere Weise selbst bewahrt.[13] Das ist der Grund, weshalb es auch in der Selbstheit oder Ipseität (*huwiyya*) zu finden ist [vom Pronomen *huwa,* das aus den Buchstaben *hā'* und *wāw* besteht]. Die Selbstheit bewahrt das Verborgene und erscheint niemals in der Manifestation. In dieser Hinsicht ist das *wāw* stärker als alle anderen Buchstaben abgesehen vom *hā'* [dessen Zahlenwert 5 ist]. Letzteres bewahrt sich selbst und andere,[14] während das *wāw* nur sich selbst bewahrt. Das *hā'* und das *wāw* sind [zusammen] dasselbe wie das »Er« (*huwa,* geschrieben als *h* + *w*), und das ist die Selbstheit (*huwiyya*).

Kun *und* kawn

Der andere [Buchstabe], der vom *hā'* bewahrt wird, ist das *kāf* [mit dem Zahlenwert 20] der Schöpfung (*kawn*). Diese [*kawn*] ist der Schatten des Göttlichen Befehls »Sei!« (*kun*); die Essenz des Schattens des *kun* ist die erschaffene Welt (*kawn*), weil das Licht der Göttlichen Essenz auf die Essenz des *kun* scheint und von ihm einen Schatten wirft, welcher die Schöpfung (*kawn*) selbst ist.

Zwischen der Schöpfung und Gott dem Höchsten liegt der Schleier des *kun* [auf Arabisch geschrieben mit den beiden zusammengefügten Buchstaben *k* + *n*]. Das *kāf* wird mit

12. Wörtlich: »die erste der Stationen der Singularität«. 3 ist die erste »singuläre« Zahl.

13. Damit ist gemeint: 6×6=36, 6×36=216, 6×216=1296 und so weiter. Die Zahl 6 bleibt also hinten immer bestehen.

14. Denn 5×5=25, 5×25=125, 5×125=625 und so weiter. Somit bewahrt das *hā'* die Zahl 5 (=*hā'*) und die Zahl 20 (=*kāf*).

dem *nūn* verbunden; der Zahlenwert des *nūn* ist 50, was als 5 in der Zehnerstelle gelesen werden kann. Auf ähnliche Art bewahren die fünf Ritualgebete die fünfzig Schritte des Gebets, wie sie im von Bukhārī überlieferten Hadith erwähnt sind: »Sie sind fünf und sie sind fünfzig, und das Wort wird für Uns nicht verändert.«[15] In diesem Sinne ist 5 [das *hā'*] dasselbe wie 50 [das *nūn*].

Was das *kāf* betrifft, so wird es nur vom *hā'* bewahrt [das heißt: 20 ist ein Sprössling der Multiplikation mit 5]. Obwohl es im [Befehl] *kun* scheinbar von ihm getrennt wurde, wird es in Tat und Wahrheit vom *nūn* unterstützt, welches hier für das *hā'* selbst steht.[16] Sein Dasein wird durch es [das *nūn*] bewahrt, und durch dieses Bewahrtsein im *kun* wird die *kawn* vor dem Nichtdasein bewahrt. Denn der Befehl *kun* (»Sei!«) kann nichts vom Dasein ins Nichtdasein bringen, weil dies seiner Natur zuwiderlaufen würde, die im Wesentlichen darin besteht, ins Dasein zu bringen und nicht nichtexistent zu machen [...]

Das wāw *in grafischer Form*

Aufgrund seiner Verwirklichung im *hā'* wurde dem *wāw* gestaltliches Dasein verliehen entsprechend einer der Formen des *hā'*, sei es verbunden oder alleinstehend. Wenn es alleine steht, ist die Form des *hā'* ه, was ein umgekehrtes *wāw* [و] ist, oder ﻪ oder ە, was der Kopf des *wāw* wäre. Auf welche Art es auch immer [geschrieben] ist, seine grafische Form ist im *wāw* enthalten. Wie könnte es auch nicht [darin] enthalten sein, wenn doch die Zahl 6 natürlicher- und notwendigerweise die Zahl 5 einschließt?

Wenn das *hā'* ein verbundener Buchstabe ist, hat es zwei mögliche Formen, und wiederum ist das *wāw* in beiden grafisch enthalten: In der einen Form ﻫ wird lediglich der nachfolgende Buchstabe an das *hā'* angeschlossen und das *wāw*

15. Dies bezieh sich auf die fünfzig Gebete, die Gott dem Propheten für die Gemeinschaft gab und die in der Folge auf fünf verringert wurden dadurch, dass die 5 von der Zehner- auf die Einerstelle versetzt wurde. Im »kleinen« oder verkürzten *abdschad*-System hat *nūn* den Zahlenwert 5.

16. *Kun* wird mit zwei Buchstaben geschrieben, *k-n* (*kāf-nūn*), wobei der zweite den ersten sozusagen unterstützt.

erscheint an seiner natürlichen Position, während in der zweiten Form ﻬ das *hā'* sowohl mit dem vorangehenden als auch dem nachfolgenden Buchstaben verbunden wird und das *wāw* kopfüber erscheint.

All dies deutet auf die Intensität seiner ursprünglichen spirituellen Verbindung zur Göttlichen Seite (*dschanāb al-a'lā*) hin. Für uns weist das *wāw* auf Ihn; und das ist es, worauf sich der Imam Abū al-Qāsim Ibn Qasī in seinem [Werk] *Khal' al-na'layn* bezogen hat.[17] Wenn jemand Erkenntnis von den Geheimnissen des *wāw* erlangt, lässt er dadurch in einer prächtigen Offenbarung den höchsten Sinn herabsteigen. Dieser [Buchstabe] weist uns auch auf das Vorhandensein der Göttlichen Form in uns hin gemäß Seinem Ausspruch: »Gott erschuf Adam nach Seiner Form.«

Die Elemente des Buchstabens wāw

Zwischen den beiden *wāw*[18] liegt der Schleier der Einzigkeit (*aḥadiyya*), der das *alif* ist [der erste Buchstabe des Göttlichen Namens *al-Aḥad,* »der Einzige«]. Daher erschien die Schöpfung (*kawn*) [= das zweite *wāw*] in der Form ihres Schöpfers (*mukawwin*) [= das erste *wāw*], während zwischen den beiden der Schleier der höchst unnahbaren Macht und unübertrefflichsten Einzigkeit (*aḥadiyya*) [= das *alif*] gesetzt ist, sodass die Essenzen [der beiden Seiten] unterschieden werden. Betrachten wir die Schöpfung vonseiten der [Göttlichen] Form aus, sagen wir, sie sei das Nichtdasein [oder die Nichtexistenz], denn die Form ist das »Er« (*huwa*) [= die Selbstheit]. Betrachten wir sie hingegen vonseiten ihrer Essenz aus, sagen wir, sie sei das Dasein. Nun weiß dies jedoch keiner außer demjenigen, der weiß, was die beiden *wāw* voneinander trennt, nämlich das *alif.* Es ist das *alif,* das uns zeigt, dass dieses [erste *wāw*] nicht das [zweite *wāw*] ist.

Im Namen des Buchstabens *wāw* ist das erste *wāw* das *wāw* der Selbstheit, und das *hā'* [von *huwa,* Selbstheit] ist darin impliziert, genauso wie die Zahl 5 in der 6 enthalten ist,

17. Ibn Qasī (gestorben 1151) war ein andalusischer Sufi, der einen Aufstand gegen die fundamentalistischen Almoraviden in der Algarve organisiert hatte. Ibn 'Arabī traf seinen Sohn und schrieb einen kritischen Kommentar zu seinem Buch.

18. Der Name des Buchstabens *wāw* schreibt sich: *wāw* (*w*) + *alif* (*ā*) + *wāw* (*w*).

und somit besteht keine Notwendigkeit, dass es explizit erscheint.

Das zweite *wāw* ist das *wāw* der Schöpfung (*kawn*). Das *wāw* erscheint sowohl in der Schöpfung (*kawn*) als auch im Schöpfer (*mukawwin*), oder in der Selbstheit (*huwiyya*), wenn man so will. Das *wāw* ist auch in dem, was zwischen der Selbstheit und der Schöpfung liegt, nämlich im *kun* (»Sei!«), doch hier ist es unsichtbar.[19] Es ist unsichtbar aufgrund der Natur des Göttlichen Befehls. Denn wäre es im Befehl selbst erschienen, hätte sich die Schöpfung nicht manifestiert, weil sie nicht die Fähigkeit besitzt, die Selbstheit zu sehen [oder zu bezeugen], und die Wirklichkeit der Selbstheit wäre verschwunden. Die Selbstheit [der Eine, Der abwesend und unsichtbar ist] ist vollkommen unvereinbar mit dem Bezeugen [welches Anwesenheit und Sichtbarkeit impliziert], weil Er der absolut Unsichtbare [oder Abwesende] ist.

Zusammenfassende tabellarische Darstellung der oben zitierten Erklärungen Ibn ʿArabīs

Bezeugen (*schuhūd*)	Einzigkeit (*aḥadiyya*)	Selbstheit (*huwiyya*) Unsichtbares (*ghayb*)
و *wāw*	ا *alif*	و *wāw*
كَوْن Schöpfung (*k-w-n*)	كُنْ »Sei!« (*k-n*)	مُكَوِّن Schöpfer (*m-k-w-n*)

19. Hier ist es nicht als Buchstabe sichtbar, sondern erscheint als der Vokal *ḍamma* (= *u*), der dieselbe grafische Gestalt hat wie das *wāw*.

Anhang E

Manuskripte der *Awrād*

Das Datum der Niederschrift der *Awrād* ist unbekannt, und bis heute verfügen wir über keine Kopie, die noch zu Lebzeiten Ibn ʿArabīs entstand oder kurz danach. Sie werden von ihm in keiner der beiden Auflistungen seiner eigenen Werke erwähnt, weder im *Fihrist* noch in der *Idschāza.* Dies könnte bedeuten, dass sie als Buch für den Privatgebrauch gedacht waren oder dass sie erst nach der Entstehung dieser beiden Autobibliografien verfasst wurden; aber es gibt zurzeit keine dokumentarischen Spuren, um diese Frage zu klären. Gleichzeitig wurde jedoch die Autorenschaft der *Awrād* von keiner der uns bekannten Quellen jemals angezweifelt. Ganz im Gegenteil zeigen sie alle, und zwar in einer siebenhundert Jahre zurückzuverfolgenden Tradition, eine klare Eindeutigkeit darin, die Urheberschaft Ibn ʿArabī selbst zuzuschreiben. Kein einziges der zahlreichen weltweit zu findenden Manuskripte der *Awrād,* scheint jemals einem anderen Autor zugeschrieben worden zu sein.

Die hohe Zahl dieser Kopien zeigt, dass sie in einem Großteil der islamischen Welt seit langer Zeit verbreitet und rezitiert wurden. Das Epizentrum ihres Gebrauchs scheint in Anatolien gelegen zu haben und ihre Verbreitung weitete sich in der osmanischen Zeit aus. Dennoch wurden die *Awrād* offenbar nicht als Allgemeinliteratur für die Öffentlichkeit verstanden; eher waren sie Teil einer mündlichen esoterischen Tradition und wurden im Vertraulichen praktiziert, ob privat oder in Zusammenkünften.

Klar scheint indes zu sein, dass das uns heute vorliegende Werk in verschiedenen Etappen geschrieben und erst später in die abschließende Form gebracht wurde. Es gibt Hinweise darauf, dass die Nachtgebete ursprünglich separat von den Tagesgebeten entworfen wurden. Viele Manuskripte enthalten nämlich nur die einen oder die anderen, und sogar jene, die beide wiedergeben, kombinieren sie nicht in jedem Fall. Zudem zeigt sich, dass die Nachtgebete, wenn wir sie als solche betrachten, einem anderen Werk (MT) mit dem Titel *Tawadschuhāt al-ḥurūf* (»Deutungen der Buchstaben«) entnommen wurden. Dabei handelt es sich um eine Reihe von Gebeten zu jedem einzelnen Buchstaben, insgesamt neunundzwanzig (einschließlich der Ligatur *lām-alif*), von denen vierzehn in den Nachtgebeten der *Awrād* auftauchen. Dieses ältere, ebenfalls undatierte Werk entstand möglicherweise kurz nach Ibn ʿArabīs bekannter Traumvision in Bejaja im Jahr 597 AH (1200 AD).[20] Darin sah er sich selbst »ehelich vereinigt mit allen Sternen des Himmelszelts« und jedem Buchstaben des Alphabets. Diese Vision führte während seines Aufenthalts in Mekka zur Niederschrift mehrerer längerer Bücher zum Thema der Buchstaben. Einige von diesen erschienen später in seinem Monumentalwerk, den *Futūḥāt al-Makkiyya.* Könnte es sein, dass das *Tawadschuhāt* ursprünglich ebenfalls Teil dieses großen Projekts war?

Die einzige eindeutige Information, die wir über die Tagesgebete haben, findet sich in zwei Manuskripten zu Beginn des Dienstagmorgengebets. Eine kurze Anmerkung zitiert eine Erklärung aus dem Mund Ibn ʿArabīs dahingehend, dass dieses Gebet auf einer Inspiration während einer Einkehr im Jahr 610 AH (1213 AD) beruhe; über dieses Jahr ist bis heute anderweitig nichts aus dem Leben des Scheichs bekannt.

Der Text der *Awrād* findet sich in zahlreichen Bibliotheken unter verschiedenen Titeln. Osman Yahia zählt in seiner *Klassifikation* mehr als vierzig auf, obwohl es noch viele mehr gibt in Bibliotheken und Sammlungen, die er nicht katalogisiert hat. Sehr wenige der Manuskripte liefern Informationen, die es erlauben würden, sie zu datieren. Das früheste angegebene Datum scheint 1107 AH (1695 AD) zu sein, obschon der in ML erwähnte Kommentar (siehe weiter unten) zeigt, dass der Text bereits im fünfzehnten Jahrhundert gut bekannt war. Eine frühere Verbreitung mag durch seine esoterische Überlieferung eingeschränkt gewesen sein. In der in MY erwähnten Nachweiskette erteilt der letzte Überlieferer die Erlaubnis zur öffentlichen Lesung der Gebete, was darauf hindeuten könnte, dass eine solche Offenheit zuvor nicht die Regel war.

Die Erstellung dieser Übersetzung haben wir auf der Grundlage der folgenden Manuskripte besorgt, und alle wichtigeren Textvarianten sind in den Anmerkungen zu den Gebeten angegeben.

20. Siehe dazu STEPHEN HIRTENSTEIN: *Der grenzenlos Barmherzige,* Seite 219.

mP

Titel Seite 1: *Awrād al-layālī 'l-sab'a wa-l-ayyām al-sab'a 'alā 'l-tarīb.* Titel Seite 2: *Awrād usbū'iyya.*

Veröffentlicht von der Muhyiddin Ibn Arabi Society unter dem Titel *Wird,* Oxford 1979 (nachgedruckt 1988).

Deutliche *naschī*-Schrift, vollständig vokalisiert. Faksimile-Ausgabe eines vorangegangenen Istanbuler Faksimiles eines undatierten Originalmanuskripts mit dreizehn Zeilen pro Seite und 56 Seiten Umfang, mit Transliteration.

Dies ist das Basismanuskript unserer Übersetzung. Es enthält den vollständigen Text aller vierzehn Gebete der Woche in Abend-Morgen-Reihenfolge, beginnend mit *laylat al-aḥad* (Sonntagabend).

Es enthält ferner ein unbetiteltes *muqaddima* (Eröffnungsgebet) in Reimform (... *īqih*[*ī*]), das sich außer in mR in keinem anderen Manuskript findet. Nach der Nennung des Autors beginnt es mit: *al-ḥamdu lillāhi 'alā ḥusni tawfīqihi wa-s'aluhu 'l-hidāyata ilā sulūki ṭarīqihi.* Es endet mit: *wa huwa 'l-maqṣūdu wa-lā inkāra wa-lā dschuḥūda wa-huwa ḥasbī wa-ni'ma 'l-wakīl.*

Auf Seite 24 findet sich eine Anmerkung zwischen dem Ende des Dienstagabend- und dem Beginn des Dienstagmorgengebets, die Bezug nimmt auf eine Einkehr, in die sich Ibn 'Arabī im Jahr 610 AH (1213 AD) zurückgezogen hatte und in deren Verlauf ihm dann das folgende Dienstagmorgengebet eingegeben worden war (siehe Anmerkung 1 Seite 74).

mY

Titel: *Aḥzāb wa-awrād.*

Manuskript: Yahia Efendi (heute: Haci Mahmud) 4179, Seiten 2–45 (*RG* 16A).

Deutliches *naschī,* nicht vokalisiert. Faksimile-Ausgabe eines undatierten Originalmanuskripts mit dreizehn Zeilen pro Seite und 44 Seiten Umfang.

Dieses Manuskript enthält nur die Texte der Tagesgebete.

Es weist eine fünfseitige Einführung aus der Feder des Kopisten, al-Ḥādsch Muḥammad al-Madanī, auf mit einer Überlieferungskette der *Awrād,* die zurückreicht bis zum *Schaikh al-Akbar* selbst. Diese Kette lautet in absteigender Folge:

1 Muḥammad al-Madanī, Sohn des verstorbenen Scheichs Saʿduddīn al-Baṣrī, Lehrer (*mudarris*) an der Prophetenmoschee in Medina,

von

2 [Maulānā al-Sayyid al-Scharīf] Muḥammad b. ʿAlī al-ʿAlawī al-Yamanī,[21]

von

3 [Maulānā al-Sayyid] ʿAbd al-Schakūr al-Muʿammar,

von

4 [Maulānā] Schāh Masʿūd al-Iṣfarāʾinī al-Muʿammar,[22]

von

5 [Sayyidinā wa-maulānā] ʿAlī al-Qūnawī,[23]

von

6 Muḥammad b. ʿAlī al-Ḥātimī al-Ṭāʾī al-Andalusī Muḥyīddīn [Ibn] al-ʿArabī.

21. Sicherlich verwandt, jedoch nicht zu verwechseln mit Muḥammad b. ʿAlī al-ʿAlawī al-Yamanī (1178–1255), der von Abū Madyan in den Weg initiiert wurde und einen Orden (*ṭarīqa*) gründete, der noch heute in Südarabien besteht.

22. Seine Beinamen im Original (*maʿdin al-sulūk wa-l-ṭarīqa*) könnten darauf hinweisen, dass er den Orden gründete hatte, dem der Kopist selbst angehörte. Über die bisher genannten vier Überlieferer konnten wir bisher keine weiteren Informationen finden, obwohl alle von ihnen Ehrentitel aufweisen.

23. Sein voller Name lautet ʿAlāʾuddin ʿAlī b. Ismāʿīl b. Yūsuf al-Qūnawī. Er wurde in Konya im Jahr 668 AH (1269 AD) geboren, ging nach Damaskus und wurde ein Schüler des Scheichs al-Manbidschī, der maßgeblich daran beteiligt war, den Sufi-Kritiker Ibn Taymiyya für seine Verdammung Ibn ʿArabīs vor Gericht zu bringen. Später verbrachte ʿAlī al-Qūnawī mehrere Jahre in Kairo, wo er Oberhaupt des bedeutendsten ägyptischen Sufi-Ordens war. Er schrieb zwei nicht publizierte Kommentare, einen zum berühmten Buch *Kiṭāb al-taʿarruf* von al-Kalābādhī (gestorben 990 AD), und einen über *Al-Ḥawī al-ṣaghīr* von Nadschmuddīn ʿAbd al-Ghaffār al-Qazwīnī (gestorben 1266 AD). Der letztere Kommentar wird erwähnt in der Liste der Bücher über die *schāfiʿī*-Schule, die sich am Schluss des Buches *Ṭabaqāt al-schāfiʿiyya* von Ibn Hidāyat Allāh al-Ḥusaynī al-Muṣannif (gestorben 1605 AD) findet. Nachdem er 727 AH (1327 AD) als oberster Richter (*qāḍī*) nach Damaskus zurückkehrte, starb er am 1. Oktober desselben Jahres. Für weitere Details siehe ALEXANDER KNYSH: *Ibn ʿArabī in the Later Islamic Tradition,* Albany, NY, 1999, Seite 131; und CARL BROCKELMANN: *Geschichte der ara-*

Der Ausgangspunkt dieser *silsila* (Überlieferungskette) der *Awrād* ist also ʿAlī al-Qūnawī aus Konya, wo Ibn ʿArabīs Erbe, Ṣadruddīn al-Qūnawī, gelebt und gelehrt hatte. Vier Jahre vor Ṣadruddīns Tod geboren, ist er somit sehr wahrscheinlich in Kontakt gekommen mit dessen direkten Schülern und studierte vielleicht bei ihnen.

Der Kopist gibt auch an, wie die *Awrād* übermittelt wurden: »Ich habe jedem, der sie lesen will, die Erlaubnis [zur Rezitation der *Awrād*] gegeben kraft der mir von den oben genannten Scheichs gegebenen Autorisierung« (Seite 3). Er nennt diese Gebete *aḥzāb* (Plural von *ḥizb*), *awrād* und *adʿiya* (Plural von *duʿāʾ*). Am Ende seiner Einleitung zitiert er einen Ibn ʿArabī zugeschriebenen Doppelvers:

> Das Buch Gottes ist die allerwahrhafteste Rede,
> übermittelt durch die Auserwählten von Gabriel
>
> von der allumfassenden Tafel
> vom erhabenen Schreibstift, vom Majestätischen selbst.

MI

Titel: [*al-*]*Awrād al-usbūʿiyya.*

Teil einer Sammlung von Ibn ʿArabīs Gebeten, zusammengestellt von Ahmed Ziya'uddin Gümüschhanevi, gedruckt in Istanbul gegen Ende des neunzehnten Jahrhunderts, Band I, Seiten 40–76.

Faksimile-Ausgabe mit zahlreichen Randnotizen als Ergebnis des Vergleichs mit anderen Kopien. Deutliches *naschī,* vollständig vokalisiert.

Der Text der Tagesgebete ist als eigenständige Sammlung neben den Nachtgebeten wiedergegeben.

Es handelt sich hier um eine verlässliche »kritische« Version der *Awrād,* die als Grundlage vieler der von uns angeführten variierenden Lesarten gedient hat.

bischen Literatur, Leiden 1945–1949, Band I, Seite 394, und Band II, Seite 86; sowie FUAT SEZGIN: *Geschichte des arabischen Schrifttums,* Leiden 1967–1984, Band I, Seite 669.

mR

Titel: [*al-*]*Awrād al-layliyya wa-l-yawmiyya wa-l-ḥiṣārāt li-l-Schaykh al-Akbar.*

Manuskript: Rashid Efendi 501, Blatt 23a–41a (*RG* 64).

Teil einer Sammlung von Ibn ʿArabī zugeschriebenen Gebeten. Die vierzehn Gebete sind in Nacht-Tag-Reihenfolge geordnet mit einem hinzugefügten Schlussgebet (*ḥiṣār*) nach jedem Tagesgebet. Diese Sammlung enthält des Weiteren (Blatt 68b–72b) Gedichte von ʿAbd al-Ghanī al-Nābulusī (gestorben 1143 AH / 1731 AD) und kann auf dessen Lebzeiten datiert werden, da sie von einem seiner Schüler geschrieben wurde: Zweimal erwähnt der Kopist al-Nābulusī als seinen Scheich, und zwar in Worten, die darauf hindeuten, dass dieser zur Zeit der Abfassung noch lebte.

Das Manuskript ist in *naschī*-Schrift ausgeführt und ohne Vokalisierung mit Ausnahme der Tagesgebete, die vollständig vokalisiert sind. Dies lässt stark vermuten, dass die Nachtgebete und die Tagesgebete ursprünglich getrennt waren und der Kopist sie aus verschiedenen Manuskripten zusammengestellt hat. Es ist unklar, ob die hinzugefügten Gebete für das jeweilige Tagesgebet oder für die ganzen vierundzwanzig Stunden gedacht sind. Jedenfalls handelt es sich bei diesen *ḥiṣārāt* deutlich um Hinzufügungen durch einen späteren Autor, der versuchte, die Rhythmen der *Awrād* nachzubilden, aber dessen Stil sich deutlich abhebt und nicht dieselbe Inspiration besitzt. Wir haben nicht versucht, sie zu übersetzen.

In der Randspalte von Blatt 23a findet sich dasselbe *muqaddima* (Eröffnunsgebet) wie in mP. Auch enthält das Manuskript (auf Blatt 30a) eine leicht abweichende Version von Ibn ʿArabīs dortigem Kommentar zum Dienstagmorgengebet. Alles in allem enthält der Text häufige Zusätze oder Einfügungen, besonders in den Nachtgebeten.

mL

Titel auf dem Umschlag: *Wird ḥaḍrat Schaykh al-Akbar.* Titel auf Blatt 1b: *Awrād asch-Schaykh al-Akbar*

Manuskript: India Office, Arabist Loth 339 (nicht 393, wie in *RG* 64 angegeben).

Deutliches *naschī,* teilweise vokalisiert mit elf Zeilen pro Seite, 36 Blatt Umfang.

Die Nachtgebete sind zuerst wiedergegeben, gefolgt von den Tagesgebeten.

Bei jedem Nachtgebet hat der Kopist eine Anmerkung nach jedem Absatz hinzugefügt, entweder parallel zum Text in der Randspalte oder am Ende des Gebets in den Text eingefügt. Beide Anmerkungsarten entstammen einem Kommentar mit dem Titel *Durrat al-āfāq* (»Die Perle der Horizonte«), der angeblich von ʿAbd al-Raḥmān b. Muḥammad al-Bisṭāmī (gestorben 858 AH / 1454 AD) stammen soll. Wie aus den nachfolgenden Beispielen ersichtlich, ordnet der Kommentator die Nachtgebete einer anderen Zeit der Woche zu, entsprechend den »verwobenen Tagen«, wie sie in Ibn ʿArabīs *Ayyām al-sha'n* beschrieben sind (siehe Anhang A):

> [Nach dem Absatz über den Buchstaben *hā'* in der Mitte des Gebets für die erste Nacht, *laylat al-aḥad,* die üblicherweise mit dem Sonntagabend assoziiert wird:]
>
> Jeder, der mit seinem Herrn mittels dieses heiligen Gedenkens (*dhikr*) *in der ersten Stunde des Donnerstags* verkehrt, [wird erfahren, dass] sein Befehl zum Inneren der Dinge vordringt und Könige sich seinem Wort fügen, und er wird zu den Feinheiten der Weisheit und zur Verschlungenheit der Angelegenheiten geführt werden.
>
> [Nach dem Absatz über den Buchstaben *qāf* am Ende des Gebets für die *laylat al-aḥad:*]
>
> Jeder, der mit Gott mittels dieses erhabenen Gedenkens *in der ersten Stunde des Donnerstags* verkehrt, [wird erfahren, dass] sein Geist gestärkt, seine Erinnerung geöffnet und seine Feinde bezwungen werden, und ihm wird das Verständnis der Wirklichkeit der Dinge geschenkt.

Dies ist das einzige Manuskript, das wir finden konnten, welches explizit die Verbindung zwischen den Buchstaben und den Nachtgebeten erwähnt und ausdrücklichen Gebrauch vom »spirituellen Tag« macht. An gewissen Stellen weist es darauf hin, dass ein bestimmtes Gebet eine gewisse Anzahl von Malen wiederholt werden soll, möglicherweise auf Basis des *abdschad*-Systems. So wird zum Beispiel empfohlen, den Absatz über den Buchstaben *sīn* (im Mittwochabendgebet) 131 Mal zu wiederholen, was der Zahl des Göttlichen Namens *as-Salām* (60+30+1+40) entspricht.

mW

Titel: *Awrād al-ayyām al-sabʿa.*

Manuskript: Waṭaniyya (Tunis) 1049, 1–34 ff.

Deutliches *naschī,* nur auf dem ersten Blatt vokalisiert, mit dreizehn Zeilen pro Seite, 35 Blatt Umfang.

Der Text der Tagesgebete ist vor demjenigen der Nachtgebete wiedergegeben.

mS

Titel: *Ḥizb al-Schaykh al-Akbar.*

Manuskript: Şehit Ali 2796, Blatt 56b (*RG* 242).

Dieses Manuskript enthält lediglich den Text des Donnerstagmorgengebets. Sein besonderer Wert liegt in einer Anmerkung zu Beginn:

> Wir haben in der Privatbibliothek des Scheichs Ṣadruddīn al-Qūnawī (möge Gott sein Geheimnis erhellen) einige Bücher in der Handschrift des Scheichs [Ibn] al-ʿArabī (möge Gott sein Geheimnis heiligen) gefunden: Darunter waren das *Kitāb al-dschāmi* von Abū Muḥammad ʿAbd al-Ḥaqq,[24] die *Tafsīr* des al-Mahdawī,[25] sein *Dīwan al-kabīr* und seine *Musāmarāt,*[26] die *Tafsīr* von [Ibn] al-Barradschān[27] sowie eine vollständige Kopie der *Futūḥāt* [*al-Makkiyya*] von der Hand des Scheichs selbst. [Diese wurden] ergänzt durch den un-

24. ʿAbd al-Ḥaqq al-Azdī al-Ischbīlī war ein bekannter maghrebinischer *muḥaddith* (Hadith-Experte) und einer von Ibn ʿArabīs frühesten Lehrern.

25. Dies ist vermutlich die verloren gegangene *tafsīr* (Erklärung, Erläuterung) des Korans von Ibn ʿArabī, die ʿAbd al ʿAzīz al-Mahdawī gewidmet war und den Titel *al-Dschamʿ wa-l-tafṣīl fī asrār maʿānī al-tanzīl* (*RG* 172) trug.

26. Diese beiden Werke Ibn ʿArabis sind gut bekannt: *RG* 102 und *RG* 493. Der volle Titel des letzteren lautet: *Muḥāḍarāt al-abrār wa-l-musāmarāt al-akhyār.*

27. Eine kritische Ausgabe und Übersetzung dieses Werks durch Denis Gril und Pablo Beneito ist in Vorbereitung.

würdigen, stets auf die Gebete der Armen in Gott hoffenden Ibn Aḥmad, Sohn des Scheichs Muḥammad, Scheich der *zāwiya* [Bruderschaft] von Scheich Aḥwa[a]d al-Dīn,[28] (möge Gott ihm gnädig sein). Das Gebet (*ḥizb*) des *Schaykh al-Akbar* wurde kopiert nach [der Kopie in] der Handschrift von Scheich Muhammad b. Qayṣar.[29]

MG

Titel: *Awrād al-usbū'.*

Gedruckte Ausgabe zusammengestellt von M.M. Ghurab in seinem Buch *Ṭarīq ilā Allāh ta'ālā min kalām al-Schaykh al-Akbar,* Damaskus 1987, Seiten 177–199. Die Gebete sind in der üblichen Nacht-Tag-Reihenfolge gehalten. Der Text wurde redigiert unter Zuhilfenahme zweier Manuskripte die auf 1107 AH (1695 AD) und 1124 AH (1712 AD) datiert sind.

MT

Titel: *Tawadschuhāt Ibn 'Arabī* (oder *Tawadschuhāt al-ḥurūf,* auch genannt: *Tawassul wa-adhkār yawm al-khamīs aw laylatihi wa-kadhā sā'ir al-ayyām* und *Awrād al-'ārif al-rabbānī sayyidī Muḥyīddīn Ibn 'Arabī*).

Gedruckte Ausgabe unter dem Titel *Tawadschuhāt al-ḥurūf,* Kairo undatiert, Seiten 1–27, mit einer Einleitung. Herausgegeben von 'Abd al-Ḥamīd b. al-Sayyid Ibn Aḥmad b. Muḥammad asch-Schādhilī al-Darqāwī al-Wafā'ī al-Ḥātimī. Der Kopist benennt seinen Meister als Muḥammad 'Abd al-Wahhāb al-Laythī al-Qaṣrī zu Beginn einer sechsseitigen Einführung, die einige Diagramme enthält basierend auf Kapitel 198 (über das Wissen vom Göttlichen Atem) der *Futūḥāt al-Makkiyya.*

Hiervon haben wir auch eine Manuskriptkopie in Damaskus konsultiert (Ẓahiriyya 12615, 26ff), die ebenfalls Ibn 'Arabī zuge-

28. Könnte damit Awḥaduddīn al-Kirmānī gemeint sein, der viele Jahre in Kayseri verbrachte?

29. Gemäß Osman Yahia (siehe *RG* 620) war dies einer von Ibn 'Arabīs Anhängern, der zu uns nicht bekannten Daten Ausschnitte aus *Inschā' al-dawā'ir* und anderen Werken des *Schaykh al-Akbar* kopierte.

schrieben wird, aber keine Einleitung, Daten oder weiterführende Informationen enthält.

Dies ist der Text der neunundzwanzig originalen Buchstabengebete, beginnend mit dem Gebet des *alif* (erster Teil des Mittwochabendgebetes) und endend mit dem *lām-alif*. Der Text ist grundsätzlich identisch mit dem der Nachtgebete der *Awrād* und scheint deshalb deren Basis darzustellen.

Bibliografie

AUSTIN, RALPH W.J.: "Aspects of Mystical Prayer in Ibn 'Arabī's Thought", in *Prayer & Contemplation,* herausgegeben von Stephen Hirtenstein, Oxford 1993.

BROCKELMANN, CARL: *Geschichte der arabischen Literatur,* Leiden 1945–1949.

BURCKHARDT, TITUS: *Mystical Astrology according to Ibn 'Arabī,* Aldsworth, Gloucestershire, 1977.

CHITTICK, WILLIAM: *The Sufi Path of Knowledge: Ibn al-'Arabī's Metaphysics of Imagination,* Albany, NY, 1989.

CHITTICK, WILLIAM: [*SDG*] *The Self-Disclosure of God: Principles of Ibn al-'Arabī's Cosmology,* Albany, NY, 1998.

CHITTICK, WILLIAM: *Ibn 'Arabī – Erbe der Propheten,* Herrliberg: Edition Shershir, 2005.

CHITTICK, WILLIAM: *Ibn 'Arabī – Bildhafte Welten: Die Vielfalt der Religionen,* Herrliberg: Edition Shershir, 2015.

CHODKIEWICZ, MICHEL: *An Ocean without Shore,* Albany, NY, 1993.

CHODKIEWICZ, MICHEL: *Seal of the Saints,* Cambridge 1993.

CHODKIEWICZ, MICHEl: "The Vision of God according to Ibn 'Arabī", in *Prayer & Contemplation,* herausgegeben von Stephen Hirtenstein, Oxford 1993.

CHODKIEWICZ, MICHEL: "The Banner of Praise", in *Praise,* herausgegeben von Stephen Hirtenstein, Oxford 1997.

CORNELL, VINCENT J.: *The Way of Abū Madyan: Doctrinal and Poetical Works of Abū Madyan Shu'ayb ibn al-Ḥusayn al-Anṣarī,* Cambridge 1996.

ELMORE, GERALD: "Paradox of Praise", in *Praise,* herausgegeben von Stephen Hirtenstein, Oxford 1997.

AL-ḤAKĪM, SU'ĀD: *Al-Mu'jam al-ṣūfī,* Beirut 1981.

HIRTENSTEIN, STEPHEN: *The Unlimited Mercifier: The Spiritual Life and Thought of Ibn 'Arabī,* Oxford 1999. [Deutsch:] *Der grenzenlos Barmherzige: Das spirituelle Leben und Denken des Ibn 'Arabī,* Zürich: Chalice Verlag, 2008.

IBN ʿARABĪ, MUḤYĪDDĪN: *Ayyām al-shaʾn,* in *Rasāʾil Ibn al-ʿArabī,* Hyderabad 1948.

IBN ʿARABĪ, MUḤYĪDDĪN: *Dhakhāʾir al-aʿlāq,* Kairo 1995.

IBN ʿARABĪ, MUḤYĪDDĪN: *Dīwān,* Būlāq 1855.

IBN ʿARABĪ, MUḤYĪDDĪN: ***Fuṣūṣ** al-ḥikam.* [Arabisch:] herausgegeben von A. ʿAfīfī, Beirut 1946. [Französisch:] *La sagesse des prophètes,* übersetzt von Titus Burckhardt, Paris 1974. [Englisch:] ***Bezels** of Wisdom,* übersetzt von R.W.J. Austin, London 1980. [Englisch:] *Fuṣūṣ al-ḥikam,* Übersetzung einer von Ismail Hakki Bursevi kommentierten Ausgabe durch Bülent Rauf, 4 Bände, Oxford und Istanbul 1986–1991. [Englisch:] *The Wisdom of the Prophets,* übersetzt von Angela Culme-Seymour, Aldsworth, Gloucestershire, 1988. [Deutsch:] *Die **Weisheit** der Propheten,* übersetzt von Wolfgang Herrmann, Zürich: Chalice Verlag, 2005.

IBN ʿARABĪ, MUḤYĪDDĪN: ***Futūḥāt** al-Makkiyya.* [Arabisch:] Kairo 1911; Nachdruck: Beirut undatiert. [Arabisch:] herausgegeben von Osman Yahia, Kairo 1972–1996. [Englisch:] *The Openings Revealed in Makkah,* Gesamtübersetzung durch Eric Winkel, Band 1 (Bücher 1 und 2), New York: Pir Press, 2019 (geplant sind insgesamt 19 Bände bis voraussichtlich 2022). [Englisch:] *The Meccan Illuminations,* Auszüge übersetzt und kommentiert von Michel und Cyrille Chodkiewicz und Denis Gril, 2 Bände, New York: Pir Press, 1988. [Englisch:] *The Sufi Path of Knowledge,* Auszüge übersetzt von William Chittick, New York 1989. [Englisch:] *The Self-Disclosure of God,* Auszüge übersetzt von William Chittick, New York 1998. [Deutsch:] *Meine Reise verlief nur in mir selbst,* Kapitel 367 übersetzt von Wolfgang Herrmann, in *Reise zum Herrn der Macht,* Zürich: Chalice Verlag, 2007.

IBN ʿARABĪ, MUḤYĪDDĪN: *Ḥilyat al-abdāl,* in *Rasāʾil Ibn al-ʿArabī,* Hyderabad 1948.

IBN ʿARABĪ, MUḤYĪDDĪN: ***Kaschf** al-maʿnā.* [Spanisch:] übersetzt und herausgegeben von Pablo Beneito als *El secreto de los nombres de Dios,* Murcia 1996.

IBN ʿARABĪ, MUḤYĪDDĪN: *Kitāb al-abādilah,* kritische Ausgabe durch Pablo Beneito und Souad Hakim (in Vorbereitung).

IBN ʿARABĪ, MUḤYĪDDĪN: *Kitāb al-alif,* in *Rasāʾil Ibn al-ʿArabī,* Hyderabad 1948.

IBN ʿARABĪ, MUḤYĪDDĪN: *Kitāb ʿAnqāʾ Mughrib.* [Englisch:] *Islamic Sainthood in the Fullness of Time,* übersetzt von Gerald

Elmore, Leiden 1999. [Deutsch:] *Der sagenhafte Greif des Westens,* übersetzt von Wolfgang Herrmann, Herrliberg: Edition Shershir, 2012.

IBN ʿARABĪ, MUḤYĪDDĪN: *Kitāb al-isrāʾ,* in *Rasāʾil Ibn al-ʿArabī,* Hyderabad 1948.

IBN ʿARABĪ, MUḤYĪDDĪN: *Kitāb al-mīm waʾl-wāw waʾl-nūn,* in *Rasāʾil Ibn al-ʿArabī,* Hyderabad 1948.

IBN ʿARABĪ, MUḤYĪDDĪN: *Maschāhid al-asrār al-qudsiyya.* [Spanisch:] *Las contemplationes de los misterios,* übersetzt und herausgegeben von Pablo Beneito und Souad Hakim, Murcia 1994. [Englisch:] *Contemplations of the Holy Mysteries,* übersetzt und herausgegeben von Cecilia Twinch und Pablo Beneito, Oxford: Anqa Publishing, 2001.

IBN ʿARABĪ, MUḤYĪDDĪN: *Mawāqiʿ al-nudschūm,* Kairo 1965.

IBN ʿARABĪ, MUḤYĪDDĪN: ***Mischkāt** al-anwār.* [Englisch:] *Divine Sayings,* übersetzt und herausgegeben von Stephen Hirtenstein und Martin Notcutt, Oxford: Anqa Publishing, 2004.

IBN ʿARABĪ, MUḤYĪDDĪN: *Rasaʾil Ibn al-ʿArabī,* Hyderabad 1948.

IBN ʿARABĪ, MUḤYĪDDĪN: *Risālat al-anwār.* [Englisch:] *Journey to the Lord of Power,* übersetzt von R.T. Harris, London und Den Haag 1981. [Deutsch:] *Reise zum Herrn der Macht,* übersetzt von Franz Langmayr, Zürich: Chalice Verlag, 2007.

IBN ʿARABĪ, MUḤYĪDDĪN: *al-Tanazzulāt al-mawṣiliyya* (unter dem Titel *Laṭāʾif al-asrār*), Kairo 1961.

IBN ʿARABĪ, MUḤYĪDDĪN: *Tardschumān al-aschwāq.* [Englisch:] *The Tarjumān al-Ashwāq,* übersetzt von Reynold A. Nicholson, London, Nachdruck 1978. [Deutsch:] *Deuter der Sehnsüchte,* übersetzt und kommentiert von Wolfgang Herrmann, 2 Bände, Herrliberg: Edition Shershir, 2013 und 2016.

KNYSH, ALEXANDER: *Ibn ʿArabī in the Later Islamic Tradition,* Albany, NY, 1999.

QUSHAYRĪ: *Naḥw al-qulūb al-kabīr,* Kairo 1994.

SCHIMMEL, ANNEMARIE: *And Muhammad is His Messenger,* Chapel Hill, NC, 1985. [Deutsch:] *Und Mohammed ist sein Prophet,* Köln 1981.

SEZGIN, FUAT: *Geschichte des arabischen Schrifttums,* Leiden 1967–1984.

RAUF, BÜLENT: *Addresses* und *Addresses II,* Roxburgh: Beshara Publications, 1986 und 2001. [Deutsch:] *Unterwegs in der Einheit des Seins,* Xanten: Chalice Verlag, 2017.

WENSINCK, A.J., J.P. MENSING und J. BRUGMAN: *Concordance et indices de la tradition musulmane,* Leiden 1936–1969.

YAHIA, OSMAN: [*RG*] *Histoire et classification de l'œuvre d'Ibn ʿArabī,* Damaskus 1964.

Über die Herausgeber

PABLO BENEITO ist Professor am Fachbereich Übersetzung und Interpretation an der Facultad de Letras der Universität von Murcia, Spanien. Er erforscht das Schriftwerk Ibn ʿArabīs seit seinem Doktorstudium in Arabisch an der Universität Complutense Madrid, nach welchem er neun Jahre lang am Institut für arabische und islamische Studien der Universität von Sevilla unterrichtete. Er war Gastprofessor an der Sorbonne in Paris sowie an den Universitäten von Kyoto und Toledo. Als Sufismus-Experte hielt er Vorträge auf der ganzen Welt und organisierte über ein Dutzend internationale Fachkonferenzen. Er leitet die Muhyiddin Ibn Arabi Society Latina und ist Übersetzer und Herausgeber mehrerer Werke von Ibn ʿArabī, darunter das *Mashāhid al-asrār al-qudsiyya,* die *Kashf al-maʿnā* und das *Kitāb al-ʿabādilah.*

STEPHEN HIRTENSTEIN ist Herausgeber des Journals der Muhyiddin Ibn Arabi Society sowie ein Mitbegründer des Verlagshauses Anqa Publishing. Er studierte Geschichte am King's College in Cambridge und besuchte mehrere Jahre lang die von Bülent Rauf gegründete Beshara School of Intensive Esoteric Education in Gloucestershire und Schottland. Er veröffentlichte zahlreiche Fachartikel und mehrere Werke zu Ibn ʿArabī, darunter eine umfangreiche illustrierte Biografie (*Der grenzenlos Barmherzige – Das spirituelle Leben und Denken des Ibn Arabi,* Chalice Verlag). Neben seiner wissenschaftlichen Arbeit und seiner Lehrtätigkeit organisiert und leitet er Studienreisen auf den Spuren Ibn ʿArabīs. Zurzeit arbeitet er auch als leitender Redakteur beim Institute of Ismaili Studies in London.

Register und Glossar

Z

Der Chalice Verlag widmet sich
der Publikation von wertvollen Texten
aus verschiedenen spirituellen Traditionen

Unser gesamtes aktuelles Verlagsprogramm sowie
weiterführende Textbeiträge, Audioaufnahmen und Videos
finden Sie auf unserer Webseite

www.chalice-verlag.com

Wie Sie unsere Arbeit unterstützen können

Gute Bücher mit anspruchsvoller Literatur zu machen,
ist heutzutage ein steiniges Unterfangen, besonders
für kleine Verlage, die knappe finanzielle Mittel
mit umso mehr Herzblut wettmachen müssen.
Wir sind ein nicht-profitorientierter Kleinverlag,
arbeiten für weniger als ein Taschengeld und reinvestieren
alle unsere Erträge in neue Buchprojekte.

Wenn Sie den Chalice Verlag unterstützen möchten,
freuen wir uns natürlich über jeden Kauf und
jede Weiterempfehlung der von uns verlegten Bücher.
Auch falls Sie uns eine Spende zukommen lassen möchten,
die uns neue Buchprojekte ermöglichen hilft und
unsere Verlagsarbeit fördert, danken wir Ihnen von Herzen.

Unsere Bankverbindung:
Iban-Nr. DE89 3545 0000 1150 0050 54 · Bic WELADED1MOR

Unser PayPal-Konto: kontakt@chalice-verlag.com

Chalice Verlag

Das *Dawr al-aʿlā* (»die erhabenste Hinwendung«) des bedeutenden andalusischen Mystikers Muḥyīddīn Ibn ʿArabī (1165–1240) ist im arabischen Sprachraum seit vielen Jahrhunderten eines der bewährtesten Gebete besonders im Rahmen einer persönlichen, inneren Frömmigkeit. Auch bekannt als *Ḥizb al-wiqāya* (»Schutzgebet«), wird es für seine spirituelle Kraft und sprachliche Eleganz von Gläubigen in vielen Ländern geschätzt und gilt als eine der schönsten Blüten der Erbauungsliteratur des Sufismus. Es heißt, wer es mit reinem Herzen und fester Überzeugung rezitiere, sei vor Schaden und Leid behütet, werde seine Wünsche erfüllt sehen und gelange mit jeder Hinwendung näher zum Göttlichen. Dieses Buch legt erstmals eine deutsche Übersetzung des eindrücklichen Schutzgebets vor, begleitet vom arabischen Originaltext und einer genauen Transliteration. Darüber hinaus kommentiert die englische Islamwissenschaftlerin Suha Taji-Farouki die Feinheiten und Querbezüge von Ibn ʿArabīs poetischem Text mit seinen Einflechtungen von Koranzitaten und schönsten Gottesnamen. Gleichzeitig hat sie die Geschichte des Gebets recherchiert und rund 200 Scheichs aus verschiedenen Sufi-Orden und Herkunftsländern identifiziert, die es durch die Jahrhunderte hinweg überliefert haben. Damit bietet dieses Werk auch einen wichtigen wissenschaftlichen Beitrag zum Verständnis der zentralen Bedeutung des »größten Meisters« des Sufismus und seiner Lehren für die Entwicklung der islamischen Spiritualität.

ISBN 978-3-942914-42-0

192 Seiten

Im spirituellen Schrifttum des Islams stellt die *Abhandlung über die Liebe* einen Höhepunkt dar; sie ist im Ganzen wie im Detail ein vollendetes Meisterwerk. Alles, was vor Ibn 'Arabī zu diesem, insbesondere für das esoterische Verständnis des Korans so zentralen Thema gesagt wurde, fasst der »größte Meister« hier zusammen, geht aber noch weit darüber hinaus. Kein spiritueller Lehrer hat seither derart wirklichkeitsgetreue, ursprüngliche, tiefgründige und vollständige Sichtweisen auf das Wesen und die Essenz der Liebe dargestellt.

In dem hier zum ersten Mal auf Deutsch vorliegenden Kapitel 178 seiner umfangreichen *Mekkanischen Eröffnungen* beleuchtet der »Lehrer der Sufis« alle Formen der Liebe, die natürliche oder physische, die spirituelle und die Göttliche. Die falsche, im Westen – heutzutage wie auch in der Vergangenheit – verbreitete Meinung, der Islam sei lediglich eine Religion der Strenge und formaler Vorschriften, in der Göttliche Transzendenz alles derart aufsauge, dass ein menschliches Wesen nicht einmal mehr an der Liebe teilhaben könne, wird hier mit großer Einblickskraft in die tiefsten Zusammenhänge und in poetischer Sprache richtiggestellt.

ISBN 978-3-905272-74-1
280 Seiten

Warum wird Mohammed »Siegel der Propheten« genannt? Was ist die spirituelle Bedeutung von Jesus? Worin besteht die Verbindung der Heiligen und Gesandten aller Völker im Licht der absoluten Einheit aller Existenz? Dies sind nur einige der Fragen, die Muḥyīddīn Ibn 'Arabī mit seiner visionären Einsicht und einzigartigen Darstellungskraft beantwortet. Bekannt als der *shaykh al-akbar,* der »größte Meister«, gilt der andalusische Sufi für viele als einer der bedeutendsten Mystiker und Denker in der Geschichte des Islams. Die Wirkung seines enormen Lebenswerks auf Philosophie, Theologie und die Entwicklung der islamischen Spiritualität hallt noch heute unüberhörbar nach. Der in Murcia geborene und in Damaskus begrabene Ibn 'Arabī vereint wie niemand vor oder nach ihm die Weisheiten des Westens und des Ostens in einem ganzheitlichen Bild des Menschen als Krönung einer auf Liebe und Barmherzigkeit beruhenden Schöpfung. Sein tiefes Verständnis der gemeinsamen Wurzeln der abrahamitischen Religionen und der vielfältigen Berührungspunkte ihrer Propheten Moses, Jesus und Mohammed birgt ein unschätzbares Potenzial für den interkulturellen Dialog und die zwischenreligiöse Verständigung. Das vorliegende Buch füllt eine Lücke in der deutschsprachigen Literatur über diesen epochalen Mystiker. Mit ausführlichen Zitaten, luzider Darlegung seiner Grundgedanken und reichem Fotomaterial ist Stephen Hirtenstein ein biografisches Meisterwerk gelungen.

ISBN 978-3-905272-79-6
420 Seiten

»Ich sah dich nicht auf meinem Weg. Gibt es da noch einen anderen Pfad?« // »Ein jeder hat seinen Weg, den niemand sonst als nur er beschreitet.« // »Und wo befinden sich diese verschiedenen Wege?« // »Sie entstehen durch das Reisen selbst.«

Zwei Texte Ibn ʿArabīs, die – in Anspielung auf die berühmte »nächtliche Reise« oder Himmelfahrt des Propheten Mohammed – die Umstände und Erfahrungen des völligen Aufgehens in Gott beschreiben. Ibn ʿArabīs Bearbeitung dieses Themas widerspiegelt seinen besonderen Zugang zum Koran und den Hadithen wie auch die ganze Spannweite seiner metaphysisch-theologischen Lehren und seines Interesses an praktischer Spiritualität.

Im engeren Sinn eine Erläuterung von *khalwa,* einer Sufi-Übung zur Erlangung der Gegenwart Gottes durch absolute Aufgabe der Welt, beschreibt die *Reise zum Herrn der Macht* den geistigen Aufstieg durch alle Stufen der Existenz bis hin zur Göttlichen Gegenwart. Ibn ʿArabī ruft den, der den mystischen Weg der Sufis gehen will, dazu auf, sein Herz zu reinigen und eins zu werden mit seiner inneren Essenz. Mit großer Klarheit und der Überzeugungskraft autobiografischer Passagen schildert Ibn ʿArabī die Erfahrung seiner eigenen Himmelfahrt auch im Text *Meine Reise verlief nur in mir selbst,* einer hier erstmals auf Deutsch vorliegenden, kommentierten Übersetzung des Kapitels 367 aus seinen umfangreichen *Futūḥāt al-Makkiyya.*

ISBN 978-3-905272-73-4
164 Seiten

Dieser Band vereinigt drei grundlegende Texte, die einen Einstieg erlauben in die universelle Schau und das tiefe Verstehen des andalusischen Mystikers Ibn 'Arabī, dessen Titel wie »größter Meister«, »Pol des Wissens« oder »Doktor Maximus« von seiner außerordentlichen, noch heute verbreiteten Anerkennung in Ost und West zeugen. Wie kein zweiter Sufi vor oder nach ihm, lehrte er mit großer Klarheit der Vision die Einheit des Seins und die Wege Göttlicher Selbstoffenbarung. Seine Existenzphilosophie erklärt auch den berühmten Hadith des Propheten Mohammed, in welchem Gott sagt: »Ich war ein verborgener Schatz und liebte es, erkannt zu werden; also erschuf Ich die Welt, auf dass Ich erkannt werde.«

Die vorliegende Sammlung beinhaltet (1) das Traktat *Der innerste Kern,* das *Lubbul lubb,* die von Ismail Hakki Bursevi (1653–1725), einem der bedeutendsten Schüler Ibn 'Arabīs, übertragene und kommentierte, gut verständliche Zusammenfassung der komplexen Grundlehren des »größten Scheichs«. Weiter umfasst der Band (2) die sogenannten *Neunundzwanzig Seiten,* eine klassische Einführung in das Studium Ibn 'Arabīs, sowie (3) einen wichtigen Schlüsseltext zum Thema Selbsterkenntnis: Ibn 'Arabīs Kommentar über die Aussage des Propheten »Wer sich selbst kennt, kennt seinen Herrn« aus seiner *Abhandlung vom Sein,* dem *Risālat alwudschūdiyya.*

ISBN 978-3-905272-72-7
152 Seiten

Krankheit, Schmerz, und Tod, Naturkatastrophen, Verbrechen, Krieg und Terror – warum lässt Gott das geschehen? Weshalb verhindert ein (all)mächtiger Schöpfer nicht das Leid und das Böse in der Welt? Die Frage nach dem Grund des Übels hat die Menschen seit jeher bewegt, Anhänger monotheistischer Religionen schon immer herausgefordert und Philosophen wie Atheisten als gewichtiges Argument gedient. Wer sich über dieses komplexe Thema, die sogenannte Theodizee, den Kopf zerbricht, gerät schnell in weltanschauliche Untiefen. In diesem anregenden Buch erklärt der Sprach- und Kulturwissenschaftler Selahattin Akti, wie Muḥyīddīn Ibn ʿArabī diese grundlegende Fragestellung beantwortet. Nach einer fundierten Darstellung der unterschiedlichen Lösungswege in der Philosophie sowie in den christlichen und islamischen Theologien erläutert der Autor den Fragenkomplex des Übels aus dem Blickwinkel des mystischen Erkenntnisweges. Dabei gelingt ihm eine hervorragende Einführung in das Denken des »größten Scheichs« und eine verständliche Erklärung von dessen Konzepten zum Verhältnis von Gott, Welt und Mensch, zur Problematik von freiem Willen und Vorbestimmung, zur Schöpfung als permanenter Selbstmanifestation des »verborgenen Schatzes« und als Bewegung der Liebe, zur Unterscheidung von *al-Haqq* (dem Allwahren) und *Allāh* (Gott) sowie zur Funktion der Göttlichen Namen im Schöpfungsprozess und zur Bedeutung des vollkommenen Menschen als Abbild und Statthalter Gottes.

ISBN 978-3-942914-15-4
296 Seiten

Was sind die Grundlagen, Lehren und Begrifflichkeiten der islamischen Mystik? Titus Burckhardt hat den Sufismus nicht nur intellektuell durchdrungen, sondern den »Pfad der Rückkehr« als Mitglied eines marokkanischen Derwischordens jahrzehntelang auch selbst beschritten. Daher ist diese meisterhafte Darstellung der spirituellen Essenz des Korans alles andere als eine trockene Abhandlung und langweilt nicht mit oberflächlich Formalem oder akademischer Theorie. Der genauso brillante wie bescheidene Schweizer Mystiker führt die Leser ohne Umschweife in die Grundzüge der sufischen Weltsicht ein und erklärt anschaulich und überzeugend – vor allem aus der Sicht des genialen Sufis Muḥyīddīn Ibn ʿArabī – die Geist und Herz anregenden philosophisch-spirituellen Ideen von der Einheit des Seins, von der Schöpfung als Selbstoffenbarung Gottes und vom »allheitlichen« Menschen als Dessen potenziellem Ebenbild. Dabei zeigt er auch die inneren Berührungspunkte von Islam, Christentum und Judentum sowie Hinduismus und Buddhismus auf. Dass dieser Autor – anders als viele wissenschaftliche Theoretiker – tatsächlich verstanden hat, worüber er schreibt, bescheinigt die bekannte Islamgelehrte Annemarie Schimmel mit ihrem Lob: »Burckhardt vereint eine tiefe spirituelle Einsicht mit der Liebe zum ewig Wahren. Seine Schriften zeigen, dass diese Wahrheit heute ebenso frisch ist wie vor Jahrtausenden und so lange bestehen wird, wie der Mensch sich nach dem Göttlichen Licht sehnt.«

ISBN 978-3-942914-27-7
172 Seiten

Eine exquisite kleine Sammlung mystischer Liebesgedichte des berühmten persischen Poeten Dschalāl ad-Dīn Rūmī, so kenntnisreich ausgewählt wie einfühlsam übersetzt von der großen Orientalistin Annemarie Schimmel und wunderschön illustriert mit den stilvollen Federzeichnungen der Künstlerin Ingrid Schaar. Die Verse Rūmīs, auf den der Sufi-Orden der »tanzenden Derwische« zurückgeht, haben weit über die islamische Welt hinaus immer wieder Dichter und Denker begeistert und inspiriert: Der neben Hafis bedeutendste Poet persischer Sprache beeindruckte bereits Johann Wolfgang von Goethe und ist heute sogar einer der meistgelesenen Dichter in den USA, der moderne Künstlerinnen und Künstler wie Madonna, Beyoncé, Coldplay oder Tilda Swinton beeinflusst hat. Die brennende Liebe, die Rūmī in seinen bilderreichen Zeilen feiert, gilt vordergründig jenem charismatischen Wanderderwisch Schamseddin, der ihn aus seiner bürgerlichen Existenz hinauskatapultierte und in die tiefsten Geheimnisse der Mystik des Sufismus einweihte, bevor dieser – vermutlich von neidischen Anhängern des Dichters – ermordet wurde. In ihrem Innersten aber sind Rūmīs Liebesgedichte stets eine vertraute Zwiesprache mit dem *wahren* Geliebten, dem einen und einzigen barmherzigen Gott, und ein fortwährendes Umkreisen der Geheimnisse einer Schöpfung, deren erste Ursache und letzte Wirkung die Liebe ist, die jedem Menschen unermüdlich zuruft: »Komm, komm, wer immer du bist...«

ISBN 978-3-942914-41-3
96 Seiten · 15 Abbildungen

»Komm, komm, wer immer du bist…« Das Lebenswerk von Dschalāl ad-Dīn Rūmī (1207–1273), des wohl bekanntesten Vertreters des Sufismus und, neben Hafis, bedeutendsten Dichters persischer Sprache, ist eine Verstand und Herz ergreifende Einladung, die vielfarbige Schönheit und spirituelle Tiefe der islamischen Mystik kennenzulernen. Ob in seinem berühmten Lehrgedicht *Masnawī,* in seinen philosophisch-theosophischen Prosaschriften oder in der auf ihn zurückgehenden Drehtanz-Zeremonie der Mevlevi-Derwische – Rūmīs unerschöpfliche Kreativität ist ein permanentes Umkreisen des Geheimnisses von Gott, dem Geliebten und der Liebe. Wie nachhaltig sein Wirken konfessionelle Schranken und kulturelle Epochen überwand, demonstrieren die Tausenden von Trauernden aus allen Religionsgemeinschaften, die bei der Beisetzung im türkischen Konya an seinem Sarg vorüberzogen, wie auch die Tatsache, dass er noch heute als einer der meistgelesenen Poeten in den Vereinigten Staaten gilt. In dieser exzellenten Biografie zeichnet die renommierte Sufismus-Kennerin ein überzeugendes Bild von Leben und Werk des großen Mystikers und seiner historischen, politischen, kulturellen und theologischen Hintergründe. Sie lässt uns eintauchen in seine Liebes- und Glaubenseinsichten, die sie mit einer exquisiten Auswahl seiner wundervollen Texte illustriert. Entzückt lauschen wir Rūmīs Sehnsuchtsmelodien nach der Einheit und lassen uns in den Bann seiner Gottesfreude ziehen.

ISBN 978-3-942914-19-2
228 Seiten

Wie können wir auf der Suche nach Selbsterkenntnis das Einssein verwirklichen und uns der Einheit des Seins bewusst werden, wie sie insbesondere vom andalusischen Sufi Muḥyīddīn Ibn 'Arabī gelehrt wurde? Der türkische Mystiker Bülent Rauf (1911–1987), vielen Lesern bislang bekannt als die eindrückliche Figur »Hamid« aus dem autobiografischen Roman *Die letzte Schranke – Ich ging den Weg des Derwischs* von Reshad Feild, widmete Jahrzehnte seines Lebens der theoretischen Auslegung und praktischen Vermittlung dieses Wissens. Die von ihm 1975 gegründete Beshara-Schule für intensive esoterische Erziehung in Schottland haben seither Hunderte von Menschen aus aller Welt besucht, um durch gemeinsames Studium und ganzheitliche Zusammenarbeit auf diesem formlosen, nicht religionsgebundenen Erkenntnisweg voranzukommen. Seine hier erstmals auf Deutsch vorliegenden Schriften versammeln erhellende Studientexte zu Grundfragen des Sufismus ebenso wie Interviews und Artikel rund um die Themen gelebte Spiritualität und Selbstvervollkommnung. Weitere autobiografische, historische und kulinarische Texte entführen uns in Bülent Raufs Jugendjahre in Istanbul und Ägypten kurz vor dem Untergang des Osmanischen Reiches, in die Blütezeit des Sufismus in Indien sowie in die türkische Küche, deren Geheimnisse dieser weise Gelehrte, der auch ein begnadeter Koch war, kenntnisreich und unterhaltsam zu schildern versteht.

ISBN 978-3-942914-23-9
216 Seiten

Der erste Teil der autobiografischen Trilogie von Reshad Feild: ein echter Klassiker der modernen spirituellen Literatur und eines der großen Selbstzeugnisse mystischer Sinnsuche, das in den vergangenen vierzig Jahren weltweit Hunderttausende von Lesern beeindruckt hat.

In dieser packend erzählten Geschichte begleiten wir einen jungen Engländer auf seiner abenteuerlichen Suche nach der wirklichen Bedeutung des Lebens und den allerletzten Wahrheiten. Unter der Führung des geheimnisvollen Antiquitätenhändlers Hamid, der sich im Laufe dieses ›metaphysischen Roadmovies‹ als ein strenger spiritueller Lehrer entpuppt, entwickelt sich Reshads Interesse an den Derwischen des Nahen Ostens zu einer äußeren wie inneren Entdeckungsreise zu heiligen Stätten, weisen Menschen und tiefen Einsichten in die Wirklichkeit der Welt. Unter härtesten Prüfungen, die sein westliches Denken erschüttern, wird er in die inneren Lehren des Sufismus eingeführt und mit den Geheimnissen des Atems, der spirituellen Bedeutung der Jungfrau Maria und den gemeinsamen Wurzeln der jüdischen, christlichen und islamischen Traditionen vertraut gemacht. Schritt für Schritt beginnt er, die Heiligkeit allen Lebens zu verstehen, und erfährt die Liebe als die Erste Ursache der Schöpfung, bevor ihm schließlich die Erkenntnis der Einheit des Seins gewährt wird.

»Eine eloquente Orchestrierung, die von sehr hoher Kreativität zeugt« (*The Times*). »Wenn Sie sich für die Weisheit dieses Buches öffnen, wird es Ihr Leben verändern« (Ellen Burstyn).

ISBN 978-3-942914-11-6
216 Seiten